Querverlag

Carsten Heider

Gemeinsam zweisam

Der Beziehungsratgeber für Schwule

Erste Auflage September 2003

Umschlag und grafische Realisierung von Sergio Vitale unter Verwen-
dung einer Fotografie von getty images.

Druck und Weiterverarbeitung: Druckhaus Köthen
ISBN 3-89656-095-6
Printed in Germany

Bitte fordern Sie unser Gesamtverzeichnis an:
Querverlag GmbH, Akazienstraße 25, D-10823 Berlin
http://www.querverlag.de

Inhalt

Prolog

„Sie meinen also, meine Geschichten seien nicht realistisch genug!"
William schnippte die ihm angebotene Zigarre als Zeichen seines
Protests in das offene Kästchen zurück. Es hatte schon lange niemand
mehr gewagt, seine Stücke so zu kritisieren.

„Nun, lassen Sie mich nachdenken", antwortete sein Verleger spitz.
„Da hätten wir einen Mann, der eine Frau spielt, die sich als Mann ver-
kleidet und eine schwule Beziehung mit seinem Dienstherrn beginnt."

William stöhnte.

„Dann gab es da noch die Kampflesbe, die für Venedig in den Krieg
zieht …", fuhr der Verleger fort.

„… und aus der Sie hinter meinem Rücken einen heterosexuellen
Farbigen gemacht haben", schob William beleidigt ein.

„Und einen Juden, der Händlern ein Kilo Fleisch aus dem Hintern
schneidet." Der Verleger hatte offensichtlich beschlossen, ihn vollends
in die Knie zu zwingen. Denn Williams letzte Stücke waren nicht wirklich zu Kassenschlagern geworden. William wimmerte und sackte in
seinem Sessel zusammen.

„Wir brauchen jetzt mal was Nützliches, William", folgerte der
Verleger in versöhnlichem Tonfall. „Ein Buch, das dem Leser praktische
Tipps für sein tägliches Leben liefert und ihn gleichzeitig zu Tränen
rührt. Machen Sie doch mal was über die Liebe."

William richtete sich auf. Das klang doch gar nicht so übel. Er
kannte da einen kleinen Schotten mit Vorliebe für enge T-Shirts und
Uniformröcke. Und, wer weiß, vielleicht würde sich im Laufe der
Interviews auch endlich die Gelegenheit für ein engeres „Kennenlernen"
ergeben.

Doch der Verleger unterbrach seine Gedanken. „Ich möchte, dass Sie Romeo treffen", sagte er und schob eine Karte mit einer Adresse in Italien über den Tisch. „Ein sehr viel versprechender, junger Mann aus gutem Hause, sehr romantisch und mit hehren Idealen, wenn es um Beziehungsfragen geht. Außerdem ist er der Sohn eines unserer wichtigsten Auslandskontakte. Die perfekte Hauptfigur für Ihr nächstes Stück!"

I. Kapitel

Das teuflische Spiel des Liebesboten

Es treten auf:
Enrico, Küchengehilfe im Anwesen der Montagues
Romeo Montague
Die schöne Helga (eigentlich Holger)
Robert und
Benni (die kleine Sahneschnitte)

Da lag er nun, der junge Montague, verschwitzt, verklebt und völlig außer Atem. Die Haare voll Eischnee, das Gesicht im Hefeteig und mit dem nackten Oberkörper auf der mit Mehl bestreuten Tischplatte. Von hinten brach Enrico erschöpft über ihm zusammen, ebenfalls schweißnass, mit einem Gesichtsausdruck, der glücklicher nicht sein konnte.

Vor zwei Monaten hatte Enrico seinen Job als Küchengehilfe auf dem Anwesen der Montagues angetreten und sich sofort unsterblich in den Sohn des Hauses verliebt. Die üblichen Symptome des Verliebtseins kannte er bereits, aber mit Romeo hatte es ihn heftiger erwischt. Bisweilen war er regelrecht weggetreten: Einmal fand er sich am Küchentisch, vor ihm die Butter, die er kunstvoll mit kleinen Herzchen verziert hatte.

Gut, dass er nichts auf die Ratschläge seiner Freunde gab. Sonst wären Romeo und er niemals so weit gekommen.

„Hauptsache, du bleibst locker", hatte die schöne Helga, eigentlich Holger, zum Besten gegeben. Locker bleiben? Wie denn? Schon beim Gedanken an seinen Schwarm fing Enrico an, nervös zu zittern.

„Du solltest ihn noch etwas hinhalten", war Bennis Beitrag. „So machst du dich interessanter." Super Idee! Vor der heißen Nummer auf dem Küchentisch hatte es nichts hinzuhalten gegeben. Enrico hatte ja nicht einmal gewagt, ein Gespräch zu beginnen.

Es gab nur einen Vorschlag, der seine Chancen verbessern konnte, und der kam von Bennis Freund Robert: „Ran an die Buletten!" Der Tipp war nicht ganz uneigennützig, denn Robert hoffte darauf, endlich mit schmutzigen Details versorgt zu werden.

Also nahm Enrico all seinen Mut zusammen: Als der junge Montague eines Morgens überraschend in der Küche erschien, um nach etwas Salz zu fragen, zeigte Enrico auf eines der unteren Schränkchen. Und als Romeo sich bückte, war es bereits um ihn geschehen.

Das Feuerwerk der Gefühle

Mit Sicherheit lässt sich nur behaupten, dass es zu diesem Zeitpunkt eher um Enrico geschehen war. Verknallt hatte er sich bereits vor Wochen, aber erst jetzt hatte auch sein Schwarm Interesse gezeigt. Zumindest hatte er offensichtlich Spaß am Sex gehabt.

„Die Liebe ist eine Crème Brûlée", pflegte Enricos Vater, ebenfalls Koch, zu sagen. „Wenn die Zutaten stimmen und man die Tricks der Zubereitung kennt, kann nichts schief gehen." Das Verliebtsein hingegen ist nur der Duft über der Nachspeise: Er kann dir die Sinne rauben. Er kann aber auch verwehen, sobald jemand das Fenster öffnet.

Der Duft in der Nase, sozusagen der Appetitmacher, ist entweder da und berauscht – oder nicht. Darauf kann man sich nicht vorbereiten. Genau wie auf das Verliebtsein – und im Gegensatz zu einer Beziehung. Es gibt keine ausgefeilten Techniken und keine gewagten Sprünge, mit denen man sich direkt in die Flugbahn von Amors Pfeil katapultiert. Entweder er trifft, oder er fliegt vorbei. Manchmal nur knapp daneben, doch meist in weiter Ferne.

Sitzt das Geschoss aber erst einmal mitten im Herzen, verliert alles andere an Bedeutung. Wen stört die mangelnde Konzentrationsfähigkeit, die Nervosität oder der schlechte Schlaf, wenn man dem Mann seiner Träume endlich begegnet ist? Wer wollte Appetitlosigkeit und Kribbeln im Bauch als nahende Magen-Darm-Grippe deuten, wenn der Angebetete einem tief in die Augen geblickt hat? Plötzlich ist es dir egal, ob er so aussieht, wie du dir das immer gewünscht hast, oder ob sein wunderbares Lächeln ein Blumenbeet schiefer Zähne freilegt. Und, mal ganz ehrlich, stehen ihm die Segelohren nicht ganz ausgezeichnet?

Als Nächstes habt ihr euch wahrscheinlich kennen gelernt und einander immer noch klasse gefunden. Zugegeben, er pinkelt im Stehen. Aber wer will denn jetzt kleinlich sein? Vielleicht wirkt er auch etwas arrogant. Aber damit verdeckt er bestimmt nur seine Unsicherheit. Durch die rosa

Wolken, die jetzt deinen Blick umnebeln, lässt sich deutlich erkennen: Er ist perfekt – der oder keiner.

Auch Enrico hatte eine genaue Vorstellung von seiner großen Liebe. Ausgeh- und zeigefreudig müsste er sein, der Lover. Mit beiden Beinen fest in der Szene stehen. Er sollte einen ehrlichen Beruf ausüben, Arbeiterklasse, schließlich wollte Enrico ihn seiner Familie vorstellen.

Tja, und dann sah er Romeo, die kleine, blasierte Husche, die nicht einmal wusste, wie man Dreck unter die Fingernägel bekommt. Und plötzlich war Enrico verliebt bis über beide Ohren. Seine Ideale? Vergessen! Seine Ansprüche? Egal! Sein Stolz? Welcher Stolz? Echte Liebe macht vor Kleinigkeiten nicht Halt, Amor würde letztlich siegen.

Enrico war sich sicher: Gemeinsam würden sie alle Schwierigkeiten überwinden. Sie mussten nur zusammenhalten. In dieser Phase war für ihn alles andere unwesentlich, der Fallschirmsprung des letzten Sommers war dagegen eine unbedeutende Gefühlsregung gewesen. Romeos Lächeln berührte ihn weit mehr als alles, was er bisher erlebt hatte.

Leider ist genau diese Euphorie auch die große Gefahr des Verliebtseins. Denn zusammen mit den Hormonen, die unsere Nebennieren in dieser Phase produzieren, kann dieses Gefühl süchtig machen. Unmengen einsamer Herzen sind jede Nacht auf der Suche nach der großen Liebe. Früher oder später entdecken sie ihren Traumprinzen und erleben den zeitweiligen Glückstaumel. Wenn die Drüsen aber nach einigen gemeinsamen Wochen wieder auf Stand-by schalten, schicken die desillusioniert Verliebten ihren Lover aufs Abstellgleis.

Dabei waren sie vielleicht schon auf dem richtigen Weg und haben nur am Ende des Hormontaumels den Sprung auf den richtigen Zug verpasst. Keine Frage, es gibt kaum etwas Berauschenderes als die erste Zeit des Verliebtseins. Man sollte sie genießen, jede Minute. Aber Realität ist dieses Hochgefühl nicht – und schon gar nicht Liebe. Wer glaubt, seine Nebennieren würden bis ans Lebensende diesen fantastischen Hormoncocktail produzieren, der irrt.

Tipp: Stelle einen leeren Schuhkarton im Schrank bereit und fülle ihn nach und nach mit den banalen Zeugen eurer gemeinsamen Zeit: Karten vom ersten Kinobesuch, Liebesbekundungen auf Post-it-Zetteln, die E-Mail mit dem ersten Missverständnis, ein voll geheultes Taschentuch und so weiter. Der Karton gerät im Laufe der Beziehung in Vergessenheit und taucht erst beim nächsten Umzug auf. Du glaubst gar nicht, wie viel Spaß ihr nach ein paar Jahren mit diesem Nippes haben könnt. Und wenn ihr euch vorher trennt? Ab in den Ofen. Eine Feuerbestattung befreit!

Die Tücken der Stimmungsschwankungsskala

Gefährlich wird es, wenn man Stimmungsschwankungen nach ihrer Größe beurteilt. An Tagen, an denen Romeo ihn keines Blickes würdigte, war Enrico am Boden zerstört, kurz vor dem Selbstmord. Auf einer Stimmungsskala von -10 bis +10 erreichte er das untere Ende. Zum Vergleich: Die ersten Filzläuse werten empfindliche Personen in der Regel nicht schlimmer als -6, eine Steuerprüfung löst durchschnittlich eine -2 aus. In den positiven Bereichen der Skala lässt sich eine +7 beispielsweise mit Freikarten für den Grand Prix d'Eurovision erzielen. Ein Abend mit Madonna, oder wahlweise eine Nacht mit Brad Pitt, sprengt die Skala.

Enrico erreichte aus dem Stand eine +5, wenn der junge Montague nach einem Tag ohne Kontakt kurz in der Küche vorbeischaute. Ein absoluter Unterschied von 15 Punkten und ein wahrer Glückstaumel. In den folgenden Wochen stabilisierten sich das gemeinsame Sexleben und Enricos Gefühle. Ein Tag ohne Romeo drückte ihn schlimmstenfalls noch in die Nähe des Nullpunktes.

Seine Stimmungsschwankungen betrugen also nur noch 5, nicht mehr 15 Punkte. Absolut betrachtet ging es ihm deutlich besser. Und doch vermisste er das Hochgefühl, ohne zu bemerken, dass nur der Kummer es dazu gemacht hatte. War diese Veränderung ein Zeichen dafür, dass Romeo nicht der Richtige war? War das schon das Ende seiner Leidenschaft?

Nicht zwingend. Es könnte auch der Beginn einer großen Liebe sein. Denn während die Leidenschaft – so platt das klingt – auch immer Leiden schafft, ist es die Aufgabe der Liebe, für Sicherheit und Geborgenheit zu sorgen. Enrico musste nur verstehen, dass das kurzfristige und oft trügerische Glücksgefühl des Verliebtseins nicht unbedingt ein Bestandteil der Liebe ist. Auch wenn die Liebe dadurch anfangs unbedeutend und manchmal sogar langweilig erscheint.

Vielleicht kennst du dieses Dilemma aus eigener Erfahrung. Du hast dich in den Mann deiner Träume verliebt, weil er nett ist und intelligent. Oder einfach nur, weil er unheimlich gut aussieht. Leider behandelt er dich etwas herablassend oder manchmal sogar schlecht. Und trotzdem läuten bei dir nicht die Alarmglocken. Du ziehst dich nicht auf einen sicheren Abstand zurück.

Erliegst du womöglich den Tücken der Stimmungsschwankungsskala? Weil dein Gefühl in guten Zeiten 18 bis 20 Punkte über dem aus schlechten Zeiten liegt? Fällst du auf dein persönliches empfundenes Maximalglück herein?

Wenn du es schaffst, jetzt loszulassen, um dich um eine gesunde Beziehung zu kümmern, hast du eine der wichtigsten Lektionen bereits gelernt.

Tipp: Hilfreich ist es, schon als Single eine Checkliste anzulegen. Notiere in Stichpunkten, was du dir von einer Partnerschaft erhoffst oder was du bei anderen bewunderst. Es geht natürlich auch zu einem späteren Zeitpunkt. Aber wer gerade auf den Wellen der Stimmungsschwankungsskala surft oder den Kopf im rosa Nebel hat, verliert meist an Objektivität.

Und dann, ab mit deiner Liste in den Schuhkarton. Sie soll kein Prüfstein werden für eure Beziehung. Du darfst sie jederzeit verändern, erweitern und sogar vergessen. Solltest du aber feststellen, dass du „Geborgenheit" von Platz 1 gestrichen und durch „seinen geilen Hintern" ersetzt hast, ist das kein gutes Zeichen für eine glückliche Partnerschaft.

Kontrolliere die Checkliste, sobald du zweifelst, ob alles richtig läuft. Dann hilft sie dir dabei, dich auf die eigenen Wünsche und Bedürfnisse zu besinnen.

Abzüge in der B-Note

„Es läuft gerade super, Mama", war Enricos Standardsatz geworden, wenn seine Mutter ihn am Telefon erwischte. „Aber jetzt muss ich Schluss machen, wir wollen noch … äh … einkaufen." Seit Wochen war er nicht bei seinen Eltern gewesen, hatte seine sozialen Kontakte auf ein Minimum gekürzt und sogar den Urlaub in Playa del Inglés gestrichen. Nirgends fühlte er sich wohler als in seiner Küche. Nur wenn Romeo

ihn schnitt oder auf einen seiner nächtlichen Streifzüge verschwand,
kreuzte Enrico wieder bei Freunden und Familie auf.

Enrico machte den gleichen Fehler wie viele frisch Verliebte: Er vernachlässigte sein soziales Umfeld. Seine Mutter war froh, ihn überhaupt noch
zu Gesicht zu bekommen, aber der schönen Helga, Robert und Sahne-
schnitten-Benni riss der Geduldsfaden, denn sie fühlten sich als Kum-
merkasten missbraucht.

Jeder hat Verständnis dafür, wenn sich ein guter Freund oder Bekann-
ter etwas zurückzieht, weil er verliebt ist. Das Verständnis endet aber,
wenn man nur noch zum Teilen des Leids, nicht aber der Freude da sein
soll. Versorge also deine Freunde und Familie auch mit den guten Nach-
richten aus deinem Privatleben und lass dich ab und zu bei ihnen blicken. Nur so werden sie auch dann für dich da sein, wenn Amors Pfeil
schmerzhaft aus deiner Brust gezogen werden sollte oder du im späteren Beziehungsalltag mal wieder Lust auf andere Gesichter bekommst.

An dieser Stelle soll Platz sein für eine häufig gestellte Frage, eine *fre-
quently asked question* (oder kurz: FAQ).

FAQ

„Wieso hat mein bester Freund nicht das geringste Verständnis dafür, wenn ich mich mit meinem Lover zurückziehe und mich deswegen vorübergehend nicht bei ihm melde?"

Dafür kann es zwei Gründe geben: Entweder du übertreibst es; das
heißt, du verbringst deine Lover-freie Zeit zu einhundert Prozent mit
deinem besten Freund und lässt dich dann von einem Tag auf den
anderen überhaupt nicht mehr blicken. Oder dir ist noch nicht aufgefallen, dass dein Freund Absichten hat, die über eine Freundschaft
hinausgehen. Dann werden deine Affären seine Eifersucht schüren
und sein Verständnis für dein Verhalten minimieren.

Der große Knall

„Meine Herren, war ich verknallt!", wirst du später einmal von dir sagen. Dann fragst du dich, wieso du diese lächerlichen Song-Texte abgeschrieben und ihm in einem Umschlag mit Rosenblütenblättern vor die Tür gelegt hast. Wenn ihr noch glücklich miteinander seid, werdet ihr euch, wie so oft, verliebt umschlingen und über eure Torheiten plaudern. Ist die Liebe aber schon vorbei, wird es dir womöglich peinlich sein. Du wirst dir wünschen, er möge den Brief bloß niemandem zeigen, der dich kennt.

Dabei ist es keine Schande, im Strudel der Gefühle den Verstand zu verlieren. Nicht umsonst heißt es, man sei „verknallt", scheint es doch bisweilen, als hätten frisch Verliebte einen Knall. Wenn dieser in literarischen Ergüssen, spontanen Liebesschwüren oder kleinen Peinlichkeiten gipfelt, ist das ein gutes Zeichen. Gefühle nicht nur zu haben, sondern sie auch kundzutun, ist eine wichtige Voraussetzung für das Zusammenleben. So schafft man Gewissheit und Vertrauen und bereichert den Schatz im Schuhkarton.

FAQ

„Ich habe tatsächlich solche peinlichen Briefe geschrieben und sie mit kleinen Marienkäfer-Aufklebern verziert. Inzwischen haben wir uns getrennt, und meine Briefe machen die Runde unter seinen Freunden. Was kann ich tun?"

Du solltest ihm sagen, dass du in seinem Verhalten einen Vertrauensbruch siehst. Bitte ihn, dir die Briefe auszuhändigen oder sie für sich zu behalten. Natürlich kann er sich weigern. Aber letztlich schadet er sich mit diesem Verhalten mehr als dir. Denn es wird lange dauern, bis sich der Nächste traut, ihm seine Liebe zu gestehen. Auch arrogantes Verhalten dem Ex gegenüber spricht sich herum.

2. Kapitel

Wenn der Liebesbote im Weg steht

Es treten auf:
Romeo Montague
Manuel Pupazzi

Blass und leicht zitternd drückte sich Romeo Montague in den Schatten des wuchtigen Hauseingangs der Familie Pupazzi. Mit schweißnassen Fingern zog er seine Auflistung der einheimischen Schönheiten aus der Tasche. Es war bereits Balkon Nummer 23, den er mit einer kleinen musikalischen Darstellung belagern wollte. Da er von den Balkonen Nummer 1 bis 22 mit Wasser, rüden Worten und Küchenabfällen fortgejagt worden war, stand er unter einem gewissen Erfolgsdruck: Aus gesellschaftlichen Kreisen kamen nur noch Manuel Pupazzi sowie die Sprösslinge der Familie Capulet für eine Beziehung in Frage. Letztere fielen wegen familiärer Zwistigkeiten flach. Zu allem Überfluss hatte sich für den kommenden Montag ein zeitgenössischer Schriftsteller zum Interview über das Liebesleben des jungen Montague angekündigt. Er wolle für sein neues Stück vor Ort recherchieren. Für einen kurzen Moment hatte Romeo mit dem Gedanken gespielt, seine aktuelle Affäre als seinen Freund vorzustellen, aber Enrico war ein Angestellter seines Vaters, und Romeos Eltern hätten einer Beziehung über die Standesgrenzen hinweg niemals zugestimmt.

Als Manuel Pupazzi den Balkon betrat, überfiel Romeo eine gute Vorahnung. Er rezitierte feierlich ein Gedicht und erhielt mäßigen Beifall. Romeo warf ihm eine Rose zu, und Manuel verschwand. „Anspruchsvolles, kleines Ding", sagte sich Romeo und verbrachte die kommenden Nächte singend vor dem Anwesen. Manuel öffnete nicht einmal das Fenster. Romeo pflasterte die Auffahrt mit Rosen – und Manuel verreiste.

Wenn „mehr" nicht mehr funktioniert

Wer frisch verliebt ist, kennt keine Probleme – außer Schlafmangel. Entweder es läuft mit dem Lover alles gut, dann ist die Welt viel zu bunt, um Platz für Alltagsprobleme zu lassen. Oder es läuft schlecht. Auf der Seele lastet eine bedeutende Anzahl von Körben, die man in letzter Zeit einstecken musste. Dann ist die ganze Welt ein einziges Problem.

Was nun? Ertränken? Scheidet aus! Erschießen? Bestenfalls ihn, aber das würde auch nicht helfen. Also: noch ein Liebesbrief; der letzte war einfach nicht flammend genug. Ein größerer Blumenstrauß; vielleicht konnten ihn 24 Rosen nicht beeindrucken. Du könntest dich ihm nackt zu Füßen werfen, am besten in der Fußgängerzone, und es ihm genau so besorgen, wie er es sich schon immer gewünscht hat ...

... und dich dabei komplett aufgeben!

Plötzlich liegst du allein und nackt auf der Straße, denn er ist kopflos und rot vor Scham in ein Damenunterwäschegeschäft gestürzt. Du wachst aus einem Alptraum auf. Sieh es ein: Es hat einfach keinen Zweck.

Die Liebesfalle, in die du getappt bist, ist leicht zu durchschauen: Wer verknallt ist, fühlt sich großartig. Ein „Eher nicht" verliert an Schärfe, es klingt wie ein „Vielleicht". Und aus einem „Vielleicht" lässt sich doch mit etwas Überzeugungsarbeit durchaus ein „Ja" zaubern.

Also hast du dich ins Zeug geworfen, aber ohne nennenswerten Erfolg. Und hier kommt es zur tragischen Fehldeutung: „Eigentlich", sagst du dir dann, „will er schon! Ich habe ihm meine Gefühle nur noch nicht deutlich genug gezeigt." Also versuchst du das Gleiche wie vorher, jedoch intensiver. Und dann noch einmal und ein weiteres Mal. Panisch rennt das enthauptete Huhn immer wieder vor denselben Zaun. Bis die Katastrophe perfekt ist und du dich vollends blamierst.

Und wie umgeht man derartige Peinlichkeiten? Ganz einfach: nach jeder erfolglosen Runde eine kurze Pause einlegen. Die Situation analysieren. Er hat auf die dritte Kurznachricht nicht reagiert? Dann liegt das bestimmt nicht daran, dass sein Handy defekt ist. Seit Wochen lässt er sich zwar anrufen, meldet sich aber nie bei dir? Das sollte dir zu denken geben.

Tipp: Beschreibe ihm deine Bedenken. Sag ihm, dass du ihn gerne sehen möchtest, du aber verunsichert bist, weil er nie die Initiative ergreift.

Erkläre ihm, dass du jetzt auf seine Reaktion wartest, um sicher zu gehen, dass du ihn nicht nervst. Selbst wenn er schüchtern ist, dafür muss er Verständnis haben. Und wenn nicht? Dann will er dich nicht, und du wirst dir ein neues Objekt der Begierde suchen müssen.

Auf jeden Topf passt auch ein Deckel

Tolle Aussage – und so prophetisch. Man muss kein Paartherapeut sein und auch kein Koch, um etwas Derartiges zu formulieren. Jeder Deckel passt auf unzählige Töpfe. Das Problem ist eher, um bei diesem Bild zu bleiben, dass er bei den meisten entweder scheppert oder über den Rand ragt. Und schon tropft Kondenswasser auf die Kochplatte. Den richtigen unter allen passenden Deckeln zu finden, das ist die eigentliche Schwierigkeit. Besonders wenn der Topf vielleicht schon ein paar Dellen hat.

Nehmen wir Romeo: handwerklich ungeschickt, mittelmäßiger Schulabschluß, aber aus bestem Stall und daher permanent unter Leistungsdruck. Dominante Mutter, gefühlskalter Vater. Er hat gelernt, menschliche und schulische Schwächen durch sicheres Auftreten zu überspielen. Außerdem sieht er blendend aus.

Da im Wesentlichen der letzte Punkt unsere Aufmerksamkeit erregt, ist er die Traumbesetzung für jeden Single. Welcher Deckel passt aber wirklich auf diesen reichlich angeschlagenen Topf? Da wäre zum Beispiel der väterliche Typ, der die familiären Defizite abdeckt und der Romeos Show echte Sicherheit entgegensetzt. Es könnte aber auch die kleine Husche sein, die sich im Alltag noch ungeschickter anstellt als Romeo und ihm damit das Gefühl von Stärke und Weltgewandtheit vermittelt. Die Liste möglicher Kandidaten ließe sich beliebig fortsetzen.

Wichtig ist also nicht nur die Frage, ob Topf und Deckel farblich aufeinander abgestimmt sind und in Bezug auf Größe und bestehende Dellen passen. Wichtig ist vor allem, ob sie zueinander passen wollen.

Manche Paare ergänzen sich perfekt: Was der eine nicht kann, beherrscht der andere. Was den einen interessiert, begeistert auch den anderen. Dann gibt es Beziehungen, in denen die Partner unterschiedlicher nicht sein könnten: Er interessiert sich für harten Männersport, sein Freund nur für Kunst und Literatur. Vielleicht verbringen sie ihre freie Zeit ausschließlich getrennt. Vielleicht machen sie aber auch viel gemeinsam und erweitern damit täglich ihren Horizont.

Und die Moral? Die Suche nach dem perfekten Deckel kann in die Irre führen. Es gibt natürlich Paare, die sich aus überaus vernünftigen Gründen zusammengetan haben und damit glücklich bis ans Ende ihrer Tage leben. Aber genauso wahrscheinlich ist, dass die Liebe dort einschlägt, wo man sie vielleicht nicht erwartet hätte. Und wenn die Liebe einen von beiden nicht trifft, ist das einfach Pech. Man kann niemanden, auch nicht sich selbst, zur Liebe zwingen, nur weil objektiv alles für eine Beziehung spricht.

Jeder Korb vergeht

Auch das leidige Thema der Zurückweisungen gehört in einen Beziehungsratgeber. Denn wer nach einem Korb das Handtuch wirft, der scheitert schon, bevor es losgeht. Ein klares „Nein" nimmt lediglich eine Option, lässt die Welt jedoch nicht untergehen. Wahrscheinlich hatte es ihn einfach nicht erwischt oder du warst nicht sein Typ. Das muss nicht an dir liegen oder an dem, was du für deine Schwächen hältst. Vielleicht steht er nur auf Schwarzhaarige, Ausländer, Bauarbeiter oder was auch immer. Wenn er bereit ist, dir ein Feedback zu geben, bekommst du Klarheit. Versuche also, mit ihm darüber zu reden.

Unabhängig von seiner Reaktion kann es nicht schaden, dich selbst und dein Verhalten kritisch zu hinterfragen. Vielleicht gibt es einen Grund, der es auch beim nächsten Kerl scheitern lassen könnte. Hast du die Zähne nicht auseinander bekommen oder ihn vor lauter Unsicherheit totgelabert? Musste er beim Küssen erfahren, was du in den letzten Stunden gegessen, getrunken oder geraucht hattest? Zwischen Konversation und Körperhygiene gibt es einiges, das sich verändern lässt, ohne sich zu sehr zu verbiegen.

Tipp: Nach einer Abfuhr verbringt man die Zeit der kritischen Selbstbetrachtung am besten im Schaumbad, bei guten Freunden, im Lieblingsrestaurant oder – wenn es besonders schlimm war – im Urlaub. Kurz: Man tut sich etwas Gutes. Ein angekratztes Ego lässt sich leichter aufpolieren, wenn man sich wohl fühlt. Es dauert immer länger, als man es sich wünscht, aber auch ein Korb zerfällt irgendwann zu Staub. Dann ist es an der Zeit, noch einmal beim ersten Kapitel zu beginnen und vielleicht wieder an dieser Stelle zu enden. Und noch einmal – und noch einmal. Und wenn man dann schon gar nicht mehr damit rechnet, hat man auf einmal mit seinem Romeo das zweite Kapitel ausgelassen und findet sich als stolzer „Fortgeschrittener" auf den folgenden Seiten oder im vierten Kapitel wieder.

Die Sehnsucht nach dem Besonderen

Auf dem Weg zur glücklichen Beziehung gilt es, noch eine weitere Hürde weiträumig zu umgehen: den Druck der besonderen Umstände. Du musst deinen Freund nicht in einem abstürzenden Fahrstuhl kennen gelernt und zum ersten Mal geküsst haben. Es ist auch nicht nötig, sich auf einem Gipfel der Alpen im Angesicht der untergehenden Sonne zum ersten Mal in die Arme zu fallen.

Viele Partner haben sich auf durch und durch unspektakuläre Art und Weise getroffen: bei Freunden, auf einer Party, im Darkroom oder am Arbeitsplatz. Und wer frisch verliebt ist, kann Meeresrauschen und Alpenglühen sogar in der Kneipe gegenüber oder auf dem heimischen Sofa wahrnehmen.

FAQ

„Die Frage nach dem ersten Kuss möchte ich nicht immer mit ‚in Gabis Biereck' beantworten müssen. Hast du einen etwas romantischeren Vorschlag?"

Natürlich: Du verkneifst dir den Kuss bei „Gabi" und lädst ihn in den Vergnügungspark ein. In der Achterbahn ziehst du ihn dann an seinen Segelohren zu dir herüber und küsst ihn im Looping. Noch kreativere Vorschläge sind immer gern gesehen!

Sex

. Kapitel

Es treten auf:
William, der weißhaarige Schriftsteller
Romeo Montague
Julian Capulet
Tybalt Capulet und
diverse Partygäste (in Verkleidung)

„Und wie läuft es so im Bett, Herr Montague?"

Uff – damit hatte Romeo nicht gerechnet. Vor ihm saß William, ein weißhaariger Literat, mit einem altmodischen Diktiergerät. Der Dichter arbeitete an einer Liebesgeschichte, die in Verona und hauptsächlich im Hause Montague spielen sollte. In Liebesdingen war Romeo jedoch bisher nicht sehr erfolgreich gewesen – von seiner nicht standesgemäßen Affäre mit Enrico einmal abgesehen.

Um William einen würdigen Kandidaten für seine Liebe präsentieren zu können, war Romeo sogar auf ein für seine Jagd recht gefährliches Revier ausgewichen: Er hatte beschlossen, einen Kostümball im Hause Capulet für ein zwangloses Kennenlernen dieser weit verzweigten Familie und ihrer hübschen Söhne zu nutzen.

Gefährlich war dieser Ausflug, weil er sich den Zutritt mit einer gefälschten Einladung erschlichen hatte und weil seine Familie und sämtliche Capulets seit Generationen in einem zermürbenden Streit lagen.

Romeos Hang zu unüberlegtem Verhalten ließ ihn jedoch großzügig über solche Kleinigkeiten hinwegsehen. Und so entdeckte er schon nach wenigen Minuten am kalten Buffet ein hübsches Milchgesicht im Gazellenkostüm. Die beiden kamen sich auf der Tanzfläche näher, rieben ihre verschwitzten Körper aneinander und tauschten manch schüchternen Kuss hinter elektrischen Tellerwärmern, bevor die Gazelle zum ersten Mal ihren Frottee-Kopfschmück lüftete.

Und schon prasselte das Blitzlicht-Gewitter der örtlichen Boulevardpresse über sie herein. Romeo hatte sich mit Julian Capulet, dem einzigen Sohn von Capulet Senior, eingelassen. Welche Schmach! Wenn Romeo trotz seiner Micky-Maus-Ohren erkannt werden sollte, wäre er spätestens zum Frühstück enterbt. Schlimmer konnte es nicht kommen.

Konnte es doch. Wer am Boden liegt, kann noch in den Abgrund fallen: Dummerweise erwischte ihn der grobschlächtige Tybalt Capulet kurz darauf mit einem Joint auf der Herrentoilette und tauschte seine Diskretion gegen einige sexuelle Gefälligkeiten. Zugegeben, es war nicht schlecht gewesen, aber letztlich nicht das, was sich Romeo für diesen Abend vorgestellt hatte. „Tybalt bitten, sich vor dem nächsten Sex zu rasieren", legte er eine kleine Gedächtnisnotiz an und leckte sich über die wunden Lippen.

Da erinnerte ihn das monotone Quietschen des Rekorders wieder an die Frage des Dichters. Die peinliche Geschichte mit Romeo und Julian, die in den Tagen nach der Party in der Presse kursierte, musste ihm natürlich auch zu Ohren gekommen sein. „Ja, also …" stammelte er endlich, „wir wollen uns noch etwas Zeit lassen, mit dem Sex. Wir glauben, dass es gut ist, wenn wir uns erst besser kennen lernen."

An dieser Stelle begrüße ich ganz herzlich den eiligen Leser, der im Inhaltsverzeichnis schnell nach dem relevanten Stichwort gesucht und auf diese Seite vorgeblättert hat. Du hoffst auf Sexualpraktiken, für die dir in den US-Bundesstaaten Texas oder Utah eine öffentliche Steinigung, zumindest aber der Verlust der Bürgerrechte droht? Du hast den Rotwein beiseite gestellt, weil du damit rechnest, für die folgenden Seiten eine freie Hand zu brauchen?

Schlau gedacht! Prinzipiell bist du hier richtig, denn vor allem in einer Beziehung müssen dem Sex keine Grenzen gesetzt sein. Deshalb wird es auf den nächsten Seiten auch um Sexualpraktiken gehen, die du womöglich nicht einmal namentlich kennst. Aber leider nicht im Detail und leider auch ohne Vier-Farb-Anleitung auf Hochglanzpapier. Denn letztlich geht es auch in diesem Kapitel um das Thema Beziehung.

Sex vor der Liebe

Romeo kannte Julian und Tybalt erst wenige Stunden und schon war das Thema Sex auf dem Tisch. Er war schockiert. Gab es nichts Wichtigeres zu klären? Wer würde das Geld verdienen, wer den Haushalt schmeißen? War es nicht bedenklich, dass Julian deutlich jünger, Tybalt aber fünf Jahre älter war als Romeo? Würden sich die Eltern mögen? Nun gut, das war bereits geklärt.

„Wenn es um Liebe geht, hat Sex einen untergeordneten Stellenwert", propagierte der „Katholische Partnerschaftsführer" aus der Bibliothek seines Vaters. Und tatsächlich hatte Romeo seit der Party bei Capulets nur ein einziges Mal an Sex gedacht: allerdings pausenlos.

Sexuell war er durchaus nicht unerfahren. Es war bereits damals, an Balkon Nummer 4, zu einer kleinen *affaire d'amour* gekommen. Das eigentliche Objekt seines Werbens, der Sohn des Hauses, hatte sich nicht blicken lassen. Dafür hatte sich aber der Kellermeister seiner angenommen. Und auf Bergen schmutziger Wäsche war es wiederholt zu durchaus einfallsreichem Austausch von Körperflüssigkeiten gekommen.

Das Anwesen, das Platz 12 auf Romeos Rangliste belegte, war vorübergehend unbewohnt. Also war Romeo dem Gärtner gefolgt, einem kleinen, stämmigen Kerl, der im Schuppen Romeos Vorstellung von Sex revolutionierte.

Und vor kurzem war Romeo im Kühlschrank ein Block Butter aufgefallen, der über und über mit Herzen bedeckt war, die seinen und Enricos Namen trugen. Romeo hatte längst ein Auge auf den blonden Küchengehilfen geworfen. Also zog er eines Morgens sein enges Feinripp-Shirt an und besuchte ihn in der Küche. Er nutzte die erste Gelegenheit, seinen Hintern in die Höhe zu strecken, worauf Enrico prompt anbiss.

Aber so etwas wie mit Tybalt war ihm noch nicht passiert. Der ausgesprochen gut aussehende Capulet hatte keinen Widerspruch geduldet und war ohne Umschweife zur Sache gekommen. Er hatte zuerst sich und dann Romeo vom Rüschenhemd befreit und ihn dann geküsst, dass unserem Helden die Funken über die Netzhaut tanzten. Womöglich würden sie kein alltägliches Paar abgeben, dachte Romeo, als ihm das Hirn beim Gedanken an Tybalt schon wieder von innen gegen den Hosenstall pochte. Ein Paar jedoch mussten sie sein, denn derart außerirdischer Sex konnte ohne Liebe gar nicht möglich sein.

Wahrscheinlich ist es dir auch schon so ergangen: Du bist sicher, die Liebe gefunden zu haben, hast aber beim Gedanken an deinen Romeo nur noch Sex im Kopf. Ein schlechtes Zeichen? Nicht unbedingt, aber es ist eine kurze Analyse-Pause wert. Auch die meisten Schwulen sind mit Wertvorstellungen aufgewachsen, die Liebe und Sex eng miteinander verknüpfen.

In der Evolution hatte Sex eine bindende Funktion. Von Männern musste ein Seitensprung nicht nur deshalb gefürchtet werden, weil ihre Frauen dabei womöglich einen besseren Partner finden konnten. Auch die Aussicht, die Nachkommen eines anderen aufzuziehen, stand nie sonderlich hoch im Kurs. Schließlich ging es darum, das eigene Erbgut zu sichern. Und Frauen hatten neben dem emotionalen Verlust auch immer die Aussicht vor Augen, sich nach einem Seitensprung ihres Mannes allein um den Nachwuchs kümmern zu müssen.

Die letzten Jahrzehnte des zwanzigsten Jahrhunderts haben vielen Moralvorstellungen den Boden unter den Füßen entzogen. Sie haben die Zwangsvereinigung von Sex und Liebe infrage gestellt. Aber aus den Köpfen der Menschen konnten einige wenige Dekaden diese Union nicht vollständig eliminieren.

Wer tief im Innern glaubt, er sei zu Sex nur in einer Beziehung fähig, wird sich und dem Objekt seiner Begierde gern etwas vormachen. Wenn die Hormone tanzen, redet er sich ein, hier sei Liebe im Spiel. Eine Illusion, die beiden schaden kann. Dem trügerisch Verliebten, weil er sich nach diversen Versuchen fragen wird, ob er zur Liebe womöglich gar nicht fähig ist. Dabei hat er vielleicht noch gar keine Erfahrungen mit ihr und wertet seine Sexaffären nur als solche. Und sie schadet auch den Beziehungsleichen, die er am Wegesrand zurücklässt. Sie sind die eigentlich Betrogenen. Denn seine Signale haben bei ihnen falsche Erwartungen geweckt, waren sie doch von sexuellem Verlangen und durch die Liebe motiviert.

Es empfiehlt sich also, genau auf die eigenen Gefühle zu achten und eine Affäre als etwas Vorübergehendes zu deuten. Das erspart beiden Seiten viel Liebeskummer.

FAQ

„Vor zehn Tagen habe ich jemanden kennen gelernt, in den ich mich so richtig verlieben könnte. Aber wir machen eigentlich nichts als Sex; emotional lässt er mich nicht an sich heran. Ich frage mich, ob daraus eine Beziehung werden kann? Und manchmal frage ich mich, ob es überhaupt für ein Gespräch reicht?"

Es gibt Menschen, die in sexuelle Abenteuer flüchten, um sich von persönlichen oder beruflichen Problemen abzulenken. Sie haben Angst, eine Beziehung würde sie zu viel zusätzliche Energie kosten.

Andere Menschen lassen sich aus Angst vor Enttäuschungen nur auf oberflächliche Beziehungen ohne emotionale Bindung ein. Sie fürchten, einer Abhängigkeit zu verfallen, wenn sie das Bedürfnis nach Liebe oder Zärtlichkeit verspüren.

Außenstehende haben meist nur geringe Chancen, diese Verhaltensmuster zu durchbrechen, da die Betroffenen sie nicht nah genug an sich heranlassen. Eine einseitige emotionale Bindung an solche Menschen ist nicht ungefährlich! Dazu raten kann man eigentlich nur, wenn der Bindungsängstliche das Problem einsieht und bereit ist, darüber zu sprechen. Außerdem sollte er glaubhaft den Wunsch äußern, seine Verhaltensmuster zu ändern und eine Beziehung einzugehen.

Mach dich so oder so auf einen steinigen Weg gefasst.

Die Offenbarung

Es wäre nicht besonders klug von Romeo gewesen, Tybalt seine Liebe schon nach so kurzer Zeit zu offenbaren. Denn, verstehen wir uns richtig, die beiden kannten sich zu diesem Zeitpunkt nicht wirklich. Womöglich war Tybalt ein bekennender Fan des 1. FC Verona. Dann würde sich Romeo künftig jedes Heimspiel live ansehen müssen. Vielleicht war Tybalt aber auch, abgesehen von seiner sexuellen Ausstrahlung, langweiliger als jeder Werbeblock. Es war also durchaus schlau, sich nicht vom Sex allein blenden zu lassen und die Sache langsam anzugehen.

Manche zu früh offenbarte Liebe scheitert daran, dass der Bedrängte „den Schwanz einzieht". Dann ist nicht nur die Aussicht auf weiteren Sex, sondern auch die Gelegenheit, sich besser kennen zu lernen, verstellt. Wer seinen Lover bereits in der zweiten Nacht mit Plänen für die Ferien der nächsten Jahre und die gemeinsame Wohnung konfrontiert, darf sich nicht wundern, wenn er am dritten Abend wieder allein im Bett liegt. Spontaneität sollte zwar in keiner Beziehung fehlen, ein Mindestmaß an Realitätssinn aber ebenfalls nicht.

Die meisten Menschen senden deutliche Signale aus, wenn sie wollen, dass aus einer Affäre oder einer Freundschaft eine Beziehung wird: Zum Beispiel einen innigen Kuss, der keinen Sex einleiten soll. Oder sie versuchen, den Lover in den eigenen Freundeskreis zu integrieren. Vielleicht schmieden sie auch vorsichtige Pläne, erst für die nahe, dann weitere gemeinsame Zukunft.

Tipp: Missverständnisse und ein falsches Tempo lassen sich vermeiden, wenn man jeweils abwechselnd den nächsten Schritt in die größere Verbindlichkeit geht. Nimm ihn mit auf die Party einer deiner Freunde. Aber warte seine Reaktion ab, bevor du ihn auch deinen Eltern vorstellst. Nach ein paar gemeinsamen Schritten wird die Wahrscheinlichkeit einer Abfuhr nach dem Geständnis der Liebe immer unwahrscheinlicher. Außerdem hatten beide Zeit, den anderen besser kennen zu lernen.

Liebe vor dem Sex

Niemand weiß es besser als Frauenzeitschriften:
Nette Männer sind nicht hübsch. Hübsche Männer sind nicht nett. Hübsche und nette Männer sind schwul.

Kein Wunder also, wenn wir uns auch in Männer verlieben, mit denen wir noch nichts hatten. Er trainiert im gleichen Sportstudio und feuert dich an den Geräten immer wieder an. Er arbeitet an der Kasse des Bioladens und hat dir schon dreimal lächelnd ein Probepäckchen Bachblütencreme zu den Vollkornteilchen gelegt. Er hat dich neulich auf ein Bier eingeladen, und ihr habt bis drei Uhr nachts an der Theke gesessen und geplauscht.

Gehen wir einmal davon aus, dass er wirklich an deinen Muskeln interessiert, die Bachblüten kein Hinweis auf deine Krähenfüße und das Bier nicht nur als Ablenkung von eigenen Problemen gedacht war. Er ist hübsch und nett, also wird er es ernst mit dir meinen.

Und dann? Ihr seid ins Kino gegangen; falscher Saal, aber mit ihm wurde sogar *Bambi* zum Brüller. Beim gemeinsamen Abendessen danach haben sich eure Knie unter dem Tisch immer wieder berührt, und vor lauter Aufregung hast du kaum einen vollständigen Satz herausge-bracht. Bist du verliebt, oder erliegst du einer Fehlinterpretation? Im Ge-gensatz zu Romeo und Tybalt stehen deine Chancen gar nicht schlecht, denn du weißt bereits deutlich mehr über deinen Schwarm als nur sei-ne Intimmaße.

Die fehlen allerdings noch.

Womit wir bei Romeo und Julian wären. Schön wie die Morgenröte, redegewandt wie ein Dichter und lieblich wie eine Nachspeise war Juli-an gewesen. Sein zarter Kuss hatte Romeos von Tybalts Stoppeln aufge-raute Lippen wie Balsam liebkost. Der Himmel auf Erden würde Sex mit diesem Wesen sein. Aber es gab keinen. „Enthaltsamkeit ehrt", hatte Ju-lian schon bei ihrem Kennenlernen gesagt und an seinem Gucci-Gürtel gezuppelt.

Enthaltsamkeit mag hehre Absichten tatsächlich adeln, kann sie doch ein Zeichen sein, dass es um Gefühle, nicht „nur" um Sex geht. Und wie-der einmal hatte Romeo instinktiv das Richtige getan und nicht weiter gedrängelt. Denn neben moralischen Einwänden kann sich hinter einem „nein, noch nicht" auch Angst verstecken. Womöglich ist es sein erstes Mal, ganz sicher aber das erste Mal mit dir. Da baut sich leicht ein nicht zu unterschätzender Erfolgsdruck auf. Was, wenn es nicht gut wird?

FAQ

„Vor vier Wochen hat er gesagt, dass er nicht gleich mit mir ins Bett steigen will. Woran erkenne ich, dass die Zeit gekommen ist?"

Ihr habt vor einem Monat über das Thema Sex gesprochen, und es hat euch nicht umgebracht. Das wird es auch jetzt nicht tun. Frag ihn einfach. Das erspart dir die vielen kleinen, peinlichen Anspielun-gen und die zweifelhafte Interpretation seiner Reaktionen.

Inzwischen kennt ihr euch bereits besser und wisst, wie wich-tig ihr einander seid. Das verringert den Druck. Denn selbst ein Flop beim ersten Versuch im Bett ist kein Grund, gleich alles hin-zuschmeißen.

Unter Druck

Die Verweigerung von Sex kann aber auch ein Hinweis auf ernste psychische oder physische Probleme sein. Einige Menschen sind fest davon überzeugt, zu dick, zu knochig oder mit zu vielen Hautproblemen geschlagen zu sein, und haben Angst davor, sich nackt zu zeigen.

Tybalt hasste es zum Beispiel, ins Schwimmbad zu gehen, weil er die dichte Behaarung seiner Beine ganz unerträglich fand. Romeo dagegen war von Tybalts Schenkelfell ganz hingerissen.

Tipp: Einfache Probleme lassen sich häufig mit viel Geduld und Einfühlungsvermögen zu zweit „behandeln". Womöglich ist das Problem des einen sogar der Grund, weswegen der andere ihn so unwiderstehlich findet. Zumindest aber kannst du dir Mühe geben, ihm zu erklären, dass dich sein „Makel" nicht stört.

Und wenn du es bist, der das Problem mit sich herumschleppt? Zeig ihm auch die Seiten von dir, die du für mangelhaft oder nicht liebenswert hältst. Es nützt nichts, wenn du deine Schwachpunkte erst nach Monaten oder gar Jahren offenbarst.

Ernste psychische Probleme gehören nicht in dieses Buch. Ängste, die in sexuellem Missbrauch, körperlicher Gewalt, in traumatischen Erfahrungen oder Ähnlichem wurzeln, bedürfen professioneller, individueller Hilfe. Ansprechpartner findest du im Serviceteil dieses Buches auf den hinteren Seiten.

Unterdruck: Sexentzug

Männer denken ständig nur an Sex. Es ist egal, ob dafür ein Objekt der Begierde in Sicht ist oder nicht. Selbst beim Anblick eines übergewichtigen, ungepflegten Handwerkers Ende 50 fragen wir uns, wie er wohl mit 20 ausgesehen hat und was für geilen Sex – einen kleinen Zeitsprung vorausgesetzt – wir damals womöglich mit ihm gehabt hätten. Man kann uns waschen, uns ein frisch gebügeltes Hemd anziehen und uns zur Universität schicken. Aber letzten Endes bleiben wir in sexueller Hinsicht doch immer Neandertaler.

Leider macht uns unsere Obsession auch so verletzlich. Nach einem Streit oder einer unangenehmen Entscheidung fällt nichts leichter, als uns durch Sexentzug zu bestrafen. Eine gefährliche Strategie, kommt die Bestrafung doch meist zeitlich verzögert. Schließlich kann man sich nicht im direkten Anschluss an jede Meinungsverschiedenheit sofort ins Bett stürzen, um zu überprüfen, ob sie gütlich beigelegt wurde.

Folgt der Entzug aber erst am Abend, oder je nach Lust und Gelegenheit noch später, wird es nicht selten schwer, den Auslöser zu erraten. Bis der Abgestrafte weiß, was er „mal wieder falsch gemacht" hat, ist er meist so sauer, dass es zum Streit kommt. Dann geht es nicht mehr nur um den eigentlichen Grund, sondern gleich um die ganze Sexthematik.

Dabei ist Sex eines der denkbar ungünstigsten Themen für einen Streit. In kaum einem anderen Bereich spielen Hemmungen und Versagensängste eine größere Rolle. Wer sich über Sex streitet, steigert diese Ängste und verdirbt sich selbst den Spaß daran.

Hat sich dein Freund erst einmal daran gewöhnt, dass er von dir mit Sexentzug bestraft wird, wittert er nach jedem „heute nicht" gleich neuen Streit. Die Beziehung gerät unter Dauerdruck, auch wenn du bisweilen einfach nur keine Lust hast.

Der Frust mit der Lust

Statistisch gesehen haben Paare 2,8-mal in der Woche miteinander Sex. Gibt die Stelle hinter dem Komma an, dass bei jedem dritten Mal der eine Partner schon schlafen geht, während sich der andere noch abmüht? Schlechter Sex, 0,8 mal die Woche? Wenn ja, was ist schlechter, was guter Sex?

Sex ist relativ. Was den einen schier vom Sitzmöbel haut, kann der andere als langweilig empfinden. Deinem Freund kann es nicht schnell genug gehen, du findest, eine halbe Stunde müsse mindestens drin sein. Er will es richtig krachen lassen, dir würde Blümchensex genügen.

Wenn eure sexuellen Wünsche und Vorstellungen nicht grundsätzlich voneinander abweichen, hängt die Beurteilung von Sex oft mit der Übung zusammen. Nehmen wir an, du blickst auf einen reichen Erfahrungsschatz wilder Orgasmen zurück, du hast dir aber einen Kerl gesucht, der noch auf Stützrädern durch die Welt der sexuellen Praktiken radelt. Ist da die Enttäuschung vorprogrammiert? Nur wenn du dich nicht bremsen kannst. Mit deiner Unterstützung hat dich dein Freund wahrscheinlich bald eingeholt. Aber bis dahin solltest du ihn zu nichts drängen, was er nicht will. Sonst bleibt er bei seinen Stützrädern und sucht sich einen neuen Kindergarten der Lüste.

Und wenn er sich strikt weigert, sich auf das einzulassen, was dir gefällt und wichtig ist? Dann hast du ein ernstes Problem. Es bleiben dir im Wesentlichen vier Optionen, die leider fast alle nicht vollständig befriedigend sind:

a) Du verzichtest ganz auf die Königsberger Krabbe, den Faröer Fesseltrick oder die Sache mit dem Gemüse.

b) Du kannst nicht ohne Gemüse, willst deinen Partner aber nicht überfordern. Also schaltest du in der Rubrik „Ruf mich an, mein Mann ist nicht zu Hause" eine Kleinanzeige und suchst dir einen Ausgleich für deine unerfüllten Wünsche. Solltest du dich jetzt sofort für diese Option entscheiden, sei dir erlaubt zu tun, wofür Autoren ihre Leser mit grausamen Flüchen belegen: Du darfst vorblättern zum fünften Kapitel: Treue.

c) Du beschließt, auf Geduld zu setzen, und traktierst deinen Partner solange, bis du ihn da hast, wo du ihn haben willst – oder er das Weite sucht. Du wählst diese Strategie, er lässt sich auf deine Wünsche ein und hat sogar Spaß daran? Gratuliere, du hast das große Los gezogen. Alles im Leben verändert sich und manchmal auch zu deinem Besten. Hat er sich für das Weite entschieden? Das war die Niete, und du landest wieder im ersten Kapitel.

d) Natürlich kannst auch du dich für das Weite entscheiden und eure Beziehung beenden. Keine leichte und eine durch und durch unpopuläre Entscheidung. „Nur weil der Sex nicht so gut war?" An diese Frage, ungläubig gestellt von ihm und deinen Freunden, wirst du dich gewöhnen müssen. War eure Beziehung nicht gerade noch „super"? Hast du nicht mit ihm die schönste Zeit deines Lebens verbracht? Dann ist schlechter oder langweiliger Sex kein Grund, das Handtuch zu werfen. Auch für diese Konstellation wirst du später Lösungsideen serviert bekommen. (Wo genau wird nicht verraten. Du weißt schon: die Sache mit den Flüchen).

FAQ

„Leider ist es bei meinem Freund und mir so, dass er mich sexuell ständig unter Druck setzt. Was soll ich machen?"

Kein Grund zur Panik. Auch dir stehen alle oben genannten Optionen offen. Lass dich nicht drängen, aber mach auch nicht kategorisch dicht. Manchmal kann es ungeheuer spannend sein, sich auf Dinge einzulassen, die man gerade noch völlig abwegig fand. Wer weiß: Vielleicht bist du schon morgen ein bekennender Fan der Königsberger Krabbe.

Über Sex reden

„Tybalt, wir müssen reden", stammelte Romeo und bemühte sich, seine Stimme fest klingen zu lassen. Er hatte schon wieder feuchte Finger, und das Herz schlug ihm gegen den Kehlkopf. Tybalt nickte verständnisvoll, packte ihn mit seiner gewaltigen Pranke am Genick und zog ihn zärtlich, aber bestimmt zu sich herüber. „Es ist nämlich so", fuhr Romeo fort, aber da spürte er bereits wieder dieses Stechen von Tybalts Bartstoppeln auf der Oberlippe und Tybalts Zunge in seinem Mund. „Wie schaffe ich es, meine Wünsche rüberzubringen, ohne ihn zu verschrecken?", war sein letzter klarer Gedanke. Denn plötzlich war ihm nur noch wichtig, dieser Augenblick möge nie vergehen und er seinen Lippenpflegestift wieder finden.

Sex läuft nur selten ganz problemlos ab, gehört in einer Beziehung als Streitthema aber auf die Liste der NoNos. Deshalb ist es besonders wichtig, über Probleme mit dem Sex zu reden. Die Hände zittern, die Stimme flattert und plötzlich sind da tausend Dinge, die eigentlich wichtiger sind oder über die es sich zumindest leichter reden lässt.

Für viele ist das Thema Sex eine Hürde, die man nicht unterschätzen, an der man aber auch nicht scheitern darf. Wer es nicht lernt, über seine Wünsche und Fantasien mit dem Partner zu reden und seine Grenzen bekannt zu geben, für den wird Sex bald äußerst unbefriedigend oder sogar schmerzhaft.

Aber: Übung macht den Meister. Eine Einstiegshilfe ist es, nicht gleich über die großen sexuellen Sorgen zu reden, sondern mit den kleinen Wünschen anzufangen. Reden wohlgemerkt. Wenig hilfreich war der Ratschlag einer US-amerikanischen Radiopsychologin: Eine Anruferin scheiterte daran, ihren Wunsch nach Oralsex in Worte zu fassen. Frau Doktor schlug vor, die Gepeinigte möge ein Kissen mit ihrem Wunsch besticken und im entscheidenden Moment umdrehen.

Großartig! Unglaublich kreativ. Aber stellen wir uns einmal vor, die junge Dame würde in der Folgezeit ihre Vorliebe für die Königsberger Krabbe, den Faröer Fesseltrick oder die Sache mit dem Gemüse entdecken. Sollte sie auch die Anleitung auf die Kissen sticken?

Nein, es hilft nichts. Über sexuelle Wünsche muss man reden. Man beginnt am besten mit einem kleinem Lob: „Das war total super, wie du mich beim Sex gebissen hast", leitet später zu den einfacheren Wünschen über: „Bläst du mir einen?" und meistert schließlich ohne Herzklopfen auch die großen Hürden: „Habe ich dir schon mal vom Salzburger Salto erzählt?"

Und du wirst sehen: Mit etwas Übung ist Sex kein Problemthema mehr. Du kannst ihn fragen, ob es ihm auch so gefallen hat wie dir, ohne zu haspeln. Du verlierst die Angst davor, ihm auch deine wildesten Fantasien, deine Grenzen und Ängste zu schildern.

Tipp: Mit den Dingen, die man für ein Tabuthema hält, ist es genauso wie mit dem Coming-out: Hast du sie erst einmal angesprochen und dich zu ihnen bekannt, ist die Talsohle durchschritten.

Vorausgesetzt, dein Partner reagiert nicht wie deine Mutter seinerzeit mit einem Schreikrampf oder wie die schöne Helga mit hysterischem Gegacker. Dann war alle Übung nutzlos. Eine Regel, die natürlich auch für dich gilt.

Der Einzug in die Realität

4. Kapitel

Es treten auf:
Romeo Montague
Tybalt Capulet
Die schöne Helga (eigentlich Holger) und
Harald (sein neuer Freund)

Verliebt sahen sich Romeo und Tybalt in die Augen, sanft beschwingt von klassischer Musik und einem 1998er Chardonnay. Die beiden hatten sich vor etwa einem Monat auf einer Party im Hause Capulet kennen gelernt, eine wilde Nacht verbracht und beschlossen, einen Beziehungsversuch zu wagen. Am heutigen Abend trug Tybalt einen auf Taille geschnittenen Anzug von Donna Karan NY und dazu ein blütenweißes Hemd mit kleinem Kragen. Romeo blinzelte glücklich durch das Strahlenkreuz der Kerzen, ein Beleuchtungsphänomen, das er sonst nur von Softpornos auf RTL kannte.

„Dann hätten wir also zweimal das Carpaccio von der Babyerbse", wiederholte der Kellner die Bestellung, „und als Nachspeise eine Trilogie von der Erdbeere …" Noch lauerte sein Stift geduldig auf dem kleinen Schreibblock, um das zweite Dessert niederzuschreiben.

„Und ich nehme zum Abschluss den Dialog der Früchte", hauchte Romeo zum seltsam verschwommenen Kellner hinauf.

PING!

„Wie bitte?"

„Ich habe nichts gesagt", rief ihm Tybalt durch die rußige Flamme des entschwindenden Tagtraumes zu. „Aber hol doch bitte mal das Abendessen aus der Mikro."

„Ich dachte, wir …"

„Komm mir bloß nicht so", raunzte ihn Tybalt aus der Tür zum Badezimmer an, in der einen Hand den elektrischen Nasenhaarschneider, in der anderen ein zerknülltes Taschentuch. „Ich habe die Fischstäbchen immerhin aufgetaut und reingestellt. Da wird der Herr sie doch wohl zum Fernseher bringen können. Und wo du schon in die Küche gehst: Bringst du mir bitte ein Cola-Bier mit?"

Romeo zog einen Teller aus dem Küchenregal, drapierte den labbrigen Fisch zu einem Strahlenkranz, formte ein Herz aus Mayonnaise und füllte es mit Ketchup.

„Ich habe eben von uns geträumt!", brüllte er gegen das Summen des Schneidegerätes an. Er versuchte das Bild von Tybalt im blütenweißen Hemd noch einmal vor seinen Augen heraufzubeschwören. Aber es gelang ihm nicht. Denn im Glas der Mikrowelle sah er seinen Freund vor dem Badezimmerspiegel stehen: rote Jogginghose, etwas zu groß, ausgebeulte Knie und fleckig am Oberschenkel. Dazu das ölige Trägershirt, das er in der Werkstatt immer trug. Selbst aus der Entfernung war Romeo sicher, Sockenflusen unter Tybalts Zehennägeln zu erkennen.

„Wir waren zu zweit im Restaurant. Guter Wein, gepflegter Kellner, dezente Musik. Du sahst unheimlich gut aus."

Das Summen im Badezimmer verstummte. Die beiden machten ein paar Schritte aufeinander zu, und plötzlich waren da auch wieder Romeos Tagtraum mit Kerzen, Strahlenkranz und Weichzeichner.

Tybalt schnappte sich die Gabel aus Romeos Hand und zerschlug das Ketchup-Mayonnaise-Herz zu einer rosa Paste. „Wenn du glaubst, ich verzichte auf die Sportschau, nur weil du mir schmeichelst, dann hast du dich geschnitten."

Die Antwort ist „Ja" – Wie lautet deine Bitte?

Nehmen wir an, es gäbe ein Puzzle, das nur aus zwei Teilen besteht. Das bist zum einen du, und zum anderen ist es – haargenau passend – dein neuer Freund. Das Motto „Die Antwort ist ‚Ja' – Wie lautet deine Bitte?" trifft auf jeden Wunsch zu, den du ihm gegenüber äußerst. Außerdem verfügt er über alle Charaktereigenschaften, die dein potenzieller Partner immer haben sollte.

Ist es nicht geradezu beängstigend, wie offensichtlich ihr für einander bestimmt seid? Endlich hast du das andere Teil zu deinem Lebenspuzzle gefunden: jemanden, der dich vollkommen versteht und akzeptiert, der deine Sorgen und Ängste ernst nimmt.

Aber schon nach einigen Wochen stellen sich leichte Farbveränderungen in der zweiten Puzzlehälfte ein, die das Gesamtbild erheblich stören. Du musst feststellen, dass ihr zwei Individuen seid, mit Eigenheiten und Fehlern. Jeder Mangel, der sich nun offenbart, ist eine herbe Enttäuschung, das Gesamtbild der Schwächen kann ein wahrer Schlag sein.

Je höher dein Anspruch an den „perfekten" Partner war, je täuschender die Illusion vom alles bietenden Geliebten, desto härter wird der folgende Absturz in die Realität.

Tybalt hatte seit seinem 15. Lebensjahr eine ungefähre Vorstellung davon, wie sein zukünftiger Partner sein sollte. Mit 17 konkretisierten sich seine Wünsche, und nach seinen ersten Affären erweiterte er sein Idealbild um eine gewisse, tolerierbare Abweichungsbreite.

Nun endlich, nach langen Jahren des Suchens, hatte er Romeo getroffen, den Mann seiner Träume. Noch vor wenigen Wochen war Romeo absolut perfekt gewesen – und er könnte es immer noch sein, wäre da nicht dieser alberne Wunsch, Tybalt möge sich öfter im Anzug präsentieren. Tybalt fand es völlig abwegig, Romeo könne auch nur glauben, er würde sich mit einer Krawatte um den Hals wohl fühlen.

Romeo hingegen war genau davon überzeugt. Die beiden hatten sich auf der Party bei Capulets kennen gelernt. Danach hatte Romeo ihn in ein teures Restaurant eingeladen, und das dritte Date hatte bei Tybalts Tante stattgefunden. Natürlich waren sie jedes Mal im Anzug erschienen. Wie hätte er annehmen können, dass Tybalt sich darin nicht wohl fühlte?

Aber da Romeo und Tybalt miteinander reden können, war diese Fehlinterpretation schon in der ersten Werbeunterbrechung der Sportschau entschärft. Die beiden einigten sich auf einen Kompromiss: Romeo würde sich an die Zeiten der Sportschau gewöhnen und Tybalt sich dafür auch privat gelegentlich etwas formeller kleiden.

Leider beseitigt ein Kompromiss nicht das Problem der unterschiedlichen Erwartungen. Der Hochglanz-Lack der frischen Liebe hat einen Kratzer. Einen kleinen nur, der völlig unbedeutend wäre, würde das Beziehungsgefährt nicht in den nächsten Wochen und Monaten durch einen wahren Hagelschauer enttäuschter Hoffnungen fahren.

Wie zerbeult es aus diesem Unwetter herauskommt, hängt davon ab, wie realistisch die Ansprüche an den Partner ursprünglich waren.

FAQ

„Nach ein paar Wochen in einer neuen Beziehung habe ich immer das Gefühl, dass mir mein Lover bisher etwas vorgespielt hat. Wieso verstellen sich Menschen anfangs immer?"

Es ist nicht ungewöhnlich, sich erst einmal von seiner besten Seite zeigen zu wollen. Das machst du wahrscheinlich auch. Wenn du aber immer wieder frustriert wirst, kann das auch an deiner Erwartungshaltung liegen. Dann ist es nicht der andere, von dem du enttäuscht wirst, dann sind es deine eigenen Ansprüche, die dich desillusionieren. Vielleicht sind sie einfach nicht erfüllbar. Wenn sich deine Erwartungen nicht mit der Realität in Einklang bringen lassen, bist du das Problem, nicht dein Lover.

In diesem Fall solltest du nicht zu früh aufgeben und die Beziehung beenden, sondern deine unrealistischen Erwartungen herunterschrauben. Mach dir bewusst, dass dein Freund ein echter Mensch mit Schwächen und Fehlern ist und kein Spiegel deiner perfekten Vorstellung von ihm. Sich in der Phase der frischen Liebe einen gewissen Realitätssinn zu bewahren, ist auch eine Frage von Übung und Willenskraft. Daran kannst du arbeiten.

Jetzt wird nachverhandelt

Leider sind es nicht nur die kleinen Missverständnisse, die in den ersten Wochen aus ihren Verstecken kriechen und den frisch Verliebten das Leben erschweren. Tybalt fand zum Beispiel auch Romeos Freunde äußerst anstrengend.

Auf eine weitere Einladung zu Holger und seinem neuen Freund Harald würde er sich mit Sicherheit nicht einlassen. Romeo mochte den einen oder anderen femininen Zug haben – für Tybalt war das schon schlimm genug. Aber Holger war kaum zu toppen. Er hatte sogar noch Lockenwickler im Haar, als die beiden 15 Minuten zu spät auf den rosa Klingelknopf drückten.

„Och, Gottchen, ihr seid pünktlich. Wie unhöflich von euch!", hatte Holger mit gespieltem Entsetzen gesagt und beide dreimal auf die Wange geküsst – rechts, links, rechts; so mache man das in Paris. Den völlig überforderten Tybalt hätte diese Aktion beinahe ein Auge gekostet, da er nicht schnell genug begriff, in welche Richtung er den Wicklern ausweichen sollte.

„So", hauchte Holger nach der Begrüßung, „ihr zwei Hübschen trinkt jetzt erst mal 'nen Kir, während eure Gastgeberin noch schnell einen Menschen aus sich macht." Aber er eilte nicht ins Bad, sondern ließ sich in einen Sessel fallen, griff nach einem der vorbereiteten Gläser mit der sprudelnden rosa Flüssigkeit und plauderte über seinen neuen Freund: den „perfekten" Harald („Der ist sooo süß!").

Die beiden kannten sich schon seit Jahren. Harald war Holgers Hauttypberater bei Douglas und der Grund, warum es in Holgers Wohnung so viele Kosmetikpröbchen gab („der hat immer sooo süß gelächelt!"). Als Holger nach seinem letzten Einkauf die Pröbchen sortierte, fand er auch eine kleine Schachtel Godiva-Pralinen mit einer Telefonnummer, „seiner" Nummer („Ist das nicht suuuper-süß romantisch?").

In diesem Stil ging es den ganzen Abend weiter: Holger verwandelte sich mit ein paar routinierten Handgriffen und einer Art Bluse für Männer von Vivienne Westwood zur schönen Helga. Mit den Worten „das muss jetzt auch mal reichen" zerrte er seinen neuen Freund aus dem Badezimmer in die offene Wohnküche und stellte ihn den beiden vor („Ist er nicht süß?").

Tybalt konnte an Harald nichts Süßes entdecken. Abgesehen von seinem leicht tuntigen Verhalten wirkte Harald sogar ausgesprochen männlich. Und es gelang Tybalt, ganz im Gegensatz zu Romeo, trotz weiterer zwei oder drei Gläser Kir nicht wirklich, sich zu amüsieren. Dafür begann das Zimmer langsam zu rotieren, und mit der geschmacklosen Einrichtung in Rosatönen verschwanden auch Tybalts Hemmungen.

Nach dem fünften „wir lieben uns genau so, wie wir sind", fasste Tybalt sich demonstrativ an den Kopf. Die achte Beteuerung kommentierte er mit dem Heulen eines jungen Hundes, und nach der übernächsten lenkte er die Aufmerksamkeit mit dreckigem Grinsen auf Helgas rechtes Auge. „…hast'n da gemacht?", fragte er und tippte sich gegen die Schläfe. Helgas Make-up war ein wenig verrutscht und gab den Blick auf etwas frei, das sie als eine „kleine Schramme" abtat, das aber eher nach einem Veilchen aussah.

„Wir lieben uns genau so, wie wir sind", hatte die schöne Helga noch vor einer Woche über ihren neuen Freund gesagt und ihm mit obszön glücklichem Gesichtsausdruck die Brusthaare gezwirbelt. „Wir lieben uns genau so, wie wir sind", wirst du wahrscheinlich auch schon einige Male gedacht haben.

Aber schon nach einigen Wochen weißt du es besser. Ein Spruch wie dieser ist meist:

a) unter dem Einfluß von Drogen zustande gekommen,
b) reine Propaganda,
c) die Wahrheit, die reine Wahrheit und nichts als die Wahrheit oder
d) nur ein provokantes Zitat aus *Vom Winde verweht*.
(Mehrfachnennungen sind möglich)

Du hast drei Kreuze verteilt und dabei c) ausgespart? Sehr gut! Wer diesen Spruch ernst meint, ist entweder noch nicht aus der Phase des Verliebtseins in die Realität getreten oder ein miserabler Lügner. Im zweiten Fall fliegen zu Hause wahrscheinlich schon die Fetzen. Auch Holgers Beteuerungen, er habe sich die „kleine Schramme" an Haralds Küchen-Oberschrank zugezogen, erschien Romeo und Tybalt nicht besonders glaubhaft. Aber dazu später mehr.

FAQ

„Nach ein paar Wochen in einer Beziehung beginne ich zu ahnen, wie sich mein Hamster früher gefühlt hat. Bin ich in einer Art Haustierzucht gelandet? Versucht mein Freund mich umzuerziehen?"

Daran bist du nicht ganz schuldlos: Weil du wusstest, dass dein neuer Freund Wert darauf legt, hast du bisher zum Beispiel den Klodeckel stets brav nach unten geklappt. Damit hast du bei ihm den Eindruck erweckt, das würdest du immer tun.

Inzwischen ist aber die Phase des frischen Verliebtseins vorbei, und auch bei dir schleichen sich alte Gewohnheiten ein: Der Klodeckel bleibt neuerdings wieder oben. Zuerst einmal desillusionierst du damit deinen Freund, der dich bisher für perfekt im Umgang mit dem Deckel gehalten hat. Als Nächstes rufst du bei ihm eine Abwehrreaktion hervor, schließlich ist ihm dein Verhalten in diesem Punkt wichtig. Er wird mit verschiedenen Mitteln versuchen, dein bisheriges Verhalten erneut zu aktivieren. Und du fühlst dich wie der Hamster, der lernen muss, im Rad zu laufen.

Aber selbst wenn du den Deckel in den ersten Wochen nie geschlossen hast, könnte er neuerdings versuchen, dir dieses Verhalten anzutrainieren. Auch er ist auf dem Weg in die Beziehungsrealität. Seine Bereitschaft, deinetwegen auf wichtige Dinge zu verzichten, nimmt genauso rapide ab, wie sich die rosa Wolken verflüchtigen.

Und wenn du ehrlich zu dir bist, wirst du feststellen, dass auch du versuchst, ihn hier und da mit den absolut unverzichtbaren Wahrheiten des Lebens (deines Lebens!) vertraut zu machen. Kann er bereits alle „Kunststückchen", die du ihm abverlangst? Womöglich fühlt er sich immer häufiger wie ein Computerprogramm, das du auf Biegen und Brechen umschreiben willst.

Tipp: In dieser Phase ist von euch beiden ein Maximum an Kompromissbereitschaft und gutem Willen nötig. Wenn ihr zusammenbleiben wollt, müsst ihr euch in der Mitte treffen. Das kann recht einfach sein, wenn es zum Beispiel um verschiedene Vorstellungen von Hygiene geht: Dann wird weder wöchentlich noch monatlich gesaugt, sondern alle 14 Tage. Bei einem Klodeckel, der entweder ganz offen ist oder völlig geschlossen, wird für einen Kompromiss allerdings mehr Kreativität gefordert.

Dann werdet ihr wahrscheinlich feststellen, dass euch Verständnis und Respekt für den anderen einer Lösung näher bringen können als Verhandlungsgeschick. Eignet euch die Fähigkeit an, sich in den anderen hineinzuversetzen, und stellt euch die ehrliche Frage, ob Streitpunkte wie der Klodeckel von wesentlichem Belang für euer Leben sind.

Die Sexualüberschätzung

„Tybalt, wir haben da ein Problem mit der Sexualüberschätzung." Romeo war sicher, mit diesem Spruch würde er Tybalts Aufmerksamkeit sowohl von den Spiegeleiern und Gouda-Würfeln als auch von *Sportwagen, die die Welt bewegen* loseisen. Und tatsächlich: Tybalt löste seine großen, tiefbraunen Augen von der Lektüre, versenkte noch einen Tropfen Eigelb auf dem Scheinwerfer eines amerikanischen Cabriolets seiner Zeitschrift und sah Romeo fragend an.

Romeo entzündete die Lunte eines inneren Freudenfeuerwerkes. Es war ihm endlich gelungen, den coolen Tybalt nackt in den Regen zu stellen. Aber Tybalt hatte sich schnell wieder gefangen: „Sexualüberschätzung?", fragte er mit einem dreckigen Zug um die Lippen.

„Mhm-hm", nickte Romeo immer noch siegessicher und tanzte mit den Fingern über ein Exemplar von *Der kleine Taschen-Freud*, den er vor sich auf die Tischplatte gelegt hatte.

Da beugte sich Tybalt langsam vor. Mit einer einzigen Bewegung seines muskulösen Unterarms schob er die Tomaten-Mozzarella-Scheiben, den Psychologieratgeber und einige Tofu-Pasten beiseite und gab damit den Blick auf die polierte Glasplatte des Tisches frei. Er legte den Kopf abwägend ein wenig zur Seite und stierte ungeniert auf Romeos frisch gebügelte Designer-Jeans.

„Dann sollten wir schnell mal nachsehen, ob ich da sexuell tatsächlich etwas überschätzt habe."

Dabei ging es weder Romeo noch Freud, dem wir die Theorie der Sexualüberschätzung zu verdanken haben, um die Frage, ob 16 oder 22 cm. Das wurde auch Tybalt klar, als Romeo ihm mit den Mozzarella-Scheiben die Sicht auf seine Hose versperrte.

Freuds Theorie besagt, dass Menschen in der Phase des Verliebtseins dazu neigen, die Vorzüge ihres Partners zu überschätzen, seine Schwächen aber zu übersehen. Für die Erhaltung der Art ein äußerst sinnvolles Verhalten. Die meisten einsamen Herzen machen sich mit dem festen Vorsatz, den bestmöglichen Partner zu finden, auf die Suche. Was bedeuten würde, dass sie alle denkbaren Partner kennen und ausprobieren müssten. Ein unmögliches Vorhaben, wenn man auch bei vielen Schwulen das Gefühl hat, sie hätten es genau darauf abgesehen.

Die Evolution hat ihre Rechnung aber ohne uns Schwule, die Lesben und letztlich auch die Verhütungsmittelindustrie gemacht. Denn die verflixte Sexualüberschätzung hält leider nicht ewig. Man muss rechtzeitig Erfolge bei der Arterhaltung vorweisen, um seinen Partner moralisch oder durch Unterhaltszahlungen an sich zu binden. Wer das nicht kann oder will, läuft Gefahr, von seinem Liebling plötzlich in einem ganz anderen Licht gesehen und vor die Tür gesetzt zu werden.

Zusammenfassend kann man sagen, dass es von der Evolution nicht clever war, uns sowohl mit dieser praktischen Neigung zum Selbstbetrug als auch mit einem Intelligenzquotienten größer/gleich Körpertemperatur auszustatten. Tybalt vielleicht ausgenommen.

Als sich die Erkenntnis bei ihm durchsetzte, dass es bei der Sexualüberschätzung weder um Sex noch um Sportwagen ging, schwand sein Interesse rapide, und er wandte sich mit Ekel dem Eigelbfleck auf seiner Lieblingslektüre zu. Genau das Verhalten, welches Romeo inzwischen zur Weißglut brachte.

Anfangs hatte er Tybalt gerade wegen seiner Wortkargheit bewundert. Sie wirkte auf ihn erotisch und selbstsicher, weil sie einen geheimnisvollen und tiefsinnigen Eindruck erweckte. Tybalt war eben ein Mann der Tat und nicht des Wortes, er war ein Einzelgänger und ein „echter" Mann.

Inzwischen machte es Romeo allerdings ein wenig bang, wenn sein Göttergatte eine Frage, die aus mehr als einem Satzteil bestand, nur mit einem Grunzen und einem leidenschaftlichen Kuss abtat. Aus der Angst, Tybalt könnte ihn intellektuell weniger fordern als ein Glas Würstchen, wurde langsam eine zermürbende Gewissheit. Wenn es so weiterging, würde Tybalt ihn binnen kurzer Zeit nur noch langweilen. Womöglich hatten sie sich einfach nichts zu sagen.

Romeo hätte nun versuchen können, Tybalts Comics gegen Goethes gesammelte Werke austauschen und ihn in diversen Volkshochschul-Kursen anzumelden. Aber Romeo war klar, dass er Tybalts Charakter damit nicht würde ändern können. Vorausgesetzt, sein Freund hätte sich überhaupt darauf eingelassen.

Wer an diesem Punkt einer Beziehung angekommen ist und feststellt, dass er mit seinem Freund absolut nicht leben kann, hat meist einfach Pech gehabt. Die Chancen, dass sich der andere grundlegend ändern kann oder will, sind äußerst gering.

Und wenn er sich dazu bereit erklärt und sich tatsächlich ändert? Selbst das kann ein Problem aufwerfen, an das du jetzt womöglich nicht einmal denkst. Denn wenn du aus ihm erst einen besseren Menschen, einen in *deinen Augen* besseren Menschen, gemacht hast, ist er vielleicht nicht mehr der Mann, in den du dich einst verliebt hast. Du musst dich also nicht wundern, wenn du mit deinen Bemühungen ein Problem nur durch ein anderes ersetzt.

Du solltest die Flinte allerdings nicht gleich ins Korn werfen. Viele Charaktereigenschaften sind als Grundlage vorhanden und lassen sich noch ans Tageslicht befördern. Vorausgesetzt, dein Freund will das und du bist bereit, auch von deinen eigenen Ansprüchen wenigstens teilweise abzurücken.

Tipp: Ansprüche an einen Partner sind dann besonders gefährlich, wenn man sie fälschlicherweise für realisierbar hält. In einem ersten Schritt kann man sich fragen, ob man selbst dem Bild eines idealen Partners entspricht. Im zweiten Schritt sollte man mit seinem Freund darüber sprechen, inwieweit die eigene und seine Wahrnehmung voneinander abweichen.

Nach so viel vorauseilender Kompromissbereitschaft deinerseits wird er sich deinen Wunsch nach einem weiter gehenden Gespräch kaum noch verschließen wollen. Dann könnt ihr konstruktiv über deine Erwartungen reden.

Das Ende der Sexualüberschätzung

Je mehr der Partner den Reiz des Neuen verliert, desto größer wird die Wahrscheinlichkeit, dass man die eine oder andere Charaktereigenschaft als nervend empfindet. Immer mehr drängt sich die Frage in den Vordergrund: „Passen wir eigentlich zueinander?"

„Klar! Ich war schon mit einigen Typen zusammen und mit keinem habe ich mich so wohl gefühlt." Tybalt hatte das Eigelb inzwischen vom Hochglanzpapier entfernt und betrachtete zufrieden den schielenden Wagen.

„Und abgesehen vom Sex?"

„Ach so ..." Er stutzte, als fände er die Frage abwegig. „Wir lieben uns, und ich fühle mich bei dir sicher und geborgen."

Aber Romeo ließ nicht locker: „Reicht das denn?"

„Ich finde das schon eine ganze Menge. Aber wo wir gerade dabei sind: Es wäre ganz klasse, wenn du den Fernseher nachts ausmachen würdest; auf Stand-by frisst der immer noch Strom. Und im Winter solltest du nicht den ganzen Tag das Fenster auf Kippe stehen lassen. Das ist die reinste Verschwendung."

Du siehst, auch bei Tybalt neigte sich die Sexualüberschätzung bereits ihrem Ende zu und ging nahtlos in die nächste Phase über: die Umprogrammierung.

Die schönen Seiten der Sexualüberschätzung

Bisher klingt es so, als hätte man mit der Sexualüberschätzung ausschließlich Probleme. Das hat man auch, aber erst, wenn sie vorbei ist. Bis dahin beschert sie uns die schönsten Zeiten unseres Lebens, die es sich durchaus lohnt zu genießen. Mit ein bisschen Vorbereitung und Übung muss nicht einmal der Übergang in die Realität besonders desillusionierend werden. Denn es gibt im Zusammenleben deutliche Anzeichen, die das Ende der rosa Wolken einläuten: Auch sie verwehen langsam, wenn der Reiz des Neuen vergeht.

Plötzlich halten die Dinge des täglichen Lebens Einzug in die Wohnung des anderen. Du musst nicht mehr heimlich seine Zahnbürste benutzen; den Kühlschrank teilen sich neuerdings deine Fleischwurst und seine Tofu-Paste. Sex im Auto hattet ihr auch schon mehrfach, und langsam gehen euch die Ideen aus. Gähn.

Das ist der Moment, an dem du auch deinen Freund mit neuen Augen sehen wirst. Es ist der Schritt vom Verliebtsein zum Paarsein, von der Romantik in die Realität. Erkenne ihn rechtzeitig, und die negativen Seiten dieses Schrittes werden dir den Boden unter den Füßen nicht entziehen.

Rollen und Aufgaben

„In einer Beziehung sollten die Rollen klar verteilt sein: Sie putzt, er verdient das Geld; sie macht die Wäsche, er plant den Urlaub; sie kocht, er geht mit Freunden segeln; und sie kümmert sich um die Kinder, während er die Sportschau guckt. Mann und Frau sind einfach füreinander geschaffen."

Was Tybalt an seinem Vater besonders bewunderte, war dessen Fähigkeit, Zusammenhänge zu analysieren und sie in klare, verständliche Worte zu fassen. Was er nicht mochte, waren seine Wutausbrüche, wenn es um die Frage ging, warum sich seine Frau schon nach vier Ehejahren von ihm hatte scheiden lassen. Leider war Tybalts wichtigster Berater in Fragen des männlichen Daseins meist gerade dann nicht greifbar, wenn er ihn am nötigsten brauchte. Tybalt hatte seine eigenen vier Wände zwar noch nicht aufgegeben, verbrachte aber einen Großteil seiner Zeit in Romeos Einliegerwohnung im Anwesen der Montagues.

Den Leitfaden seines Vaters für eine glückliche Beziehung fand Tybalt für diese Situation völlig wertlos. Kinder kamen nicht in Frage, gekocht wurde meist vom Personal und Segeln fand er albern. An Tagen, an denen kaum noch Sonnenlicht durch die trüben Fenster fiel und Tybalt über Berge dreckiger Wäsche in die Küche klettern musste, erreichten seine Bedenken den Höhepunkt. Er schaltete das Licht über dem Waschbecken ein und suchte nach einer Tasse unter den ungespülten Tellern.

Während sich sein Adrenalinspiegel kontinuierlich in die Höhe schraubte, fasste er seinen Ärger in Worte: „Ich denke, es wird Zeit, dass wir ein paar Aufgaben in unserer Beziehung verteilen. Seit wir zusammen sind, bin ich es, der zweimal pro Woche die Fenster putzt, Auslegeware und Polster saugt, den Müll vom Boden aufsammelt und die Armaturen wienert. Wo ich mich schon allein um das Auto kümmere, ist es doch nicht zu viel verlangt, wenn du auch etwas tust. Du könntest mindestens die Wohnung sauber halten."

Aufgabenverteilung für Anfänger

Du siehst das wahrscheinlich genauso: Tybalts Vater hatte Recht mit seiner Einschätzung über die Verteilung von Verantwortung und Aufgaben in einer Beziehung! Leider bist du schwul und leider mindestens ein Jahrhundert zu spät geboren – ein derart frauenverachtendes Beziehungsmodell kannst du dir aus dem Kopf schlagen.

Erfolgreiche Partnerschaften leben davon, dass beide Partner sich auch um unangenehme Dinge kümmern. Einmal machst du den Abwasch, einmal er; diese Woche putzt er das Bad, kommende Woche bist du dran; im ersten Jahr kontrolliert er die Stromrechnungen, im zweiten Jahr du. Und so weiter und so fort.

Dieses Modell funktioniert mit Sicherheit, wenn auch nicht immer reibungslos. Vielleicht ist dein Umgang mit Zahlen so hoffnungslos, dass euch bei der Stromrechnung eine saftige Rückzahlung durch die Lappen geht. Vielleicht hat er eine Allergie gegen den WC-Reiniger. Dann sitzt er jede zweite Woche mit zugeschwollenen Augen neben dir auf der Couch, und im Urlaub geht's nur in den Schwarzwald. Schließlich müsst ihr Geld sparen.

Aufgabenverteilung für Fortgeschrittene

Es ist deshalb besser, wenn ihr bei der Verteilung der Pflichten auf eure Vorlieben und Fähigkeiten Rücksicht nehmt. Wenn du Spaß daran hast, den Fußboden zu wischen, solltest du das offen „zugeben". Vielleicht offenbart er dann seine heimliche Schwäche für Klosteine und deren nächste Umgebung.

Zu einem arabischen Basar darf die Verteilung allerdings nicht werden. Wenn du am Ende das Gefühl hast, deinen Partner so richtig übers Ohr gehauen zu haben, dann musst du noch an deinem Grundverständnis von Beziehung arbeiten. Da die Sache auf Dauer funktionieren soll, müsst ihr beide das Gefühl haben, die Vergabe sei gerecht.

Wahrscheinlich wird es euch sowieso nicht gelingen, alle Aufgaben zu verteilen. Ein gewisser Rest wird übrig bleiben, den keiner auch nur halbwegs gerne macht. Diesen Teil könnt ihr dann entweder abwechselnd oder gemeinsam übernehmen; nach der Arbeit, Samstagmorgen oder wenn mal nur Mist im Fernsehen läuft.

FAQ

„Mein Freund spült nur einmal in der Woche das Geschirr. Ich spüle jeden Tag, weil ich eine siffige Küche hasse. Wenn ich mich darüber beklage, dass er nie abwäscht, sagt er, ich müsse mich einfach nur etwas gedulden. Selbst bei einem Kompromiss würde jeweils eine halbe Woche lang dreckiges Geschirr rumstehen. Das kann doch nicht die Lösung sein?"

Oft liegt die Lösung ganz nah, aber nicht dort, wo man sie sucht: Ihr braucht einen Geschirrspüler oder eine bezahlte Putzkraft. Dann muss keiner spülen, und die verklebten Teller sind aus deinem Sichtfeld verschwunden. Wenn dir das zu teuer ist, wirst du nach einer Aufgabenverteilung für Fortgeschrittene suchen müssen: Du spülst das Geschirr, wenn er eine andere Aufgabe mit ähnlichem Arbeitsaufwand übernimmt.

Rollen für Traditionalisten

Wenn es beide wollen, spricht natürlich nichts gegen eine ganz konventionelle Rollenverteilung: Der eine macht den Haushalt, der andere verdient das Geld. Beide Partner sollten sich aber darüber im Klaren sein, dass gerade diese Konstellation viele Beziehungen im späteren Verlauf belastet. Denn in einer Gesellschaft, in der beruflicher Erfolg höher bewertet wird als soziales Verhalten oder häusliche Pflichten, kann es dazu kommen, dass sich ein Partner auf Dauer benachteiligt oder minderwertig fühlt.

Tipp: Nehmen wir an, ihr habt euch für eine konventionelle Rollenverteilung entschieden. Einer arbeitet Vollzeit im Büro, während der andere zum Beispiel Student, Hausmann oder arbeitslos ist. Euer Tagesablauf wird von grundsätzlich verschiedenen Faktoren bestimmt: Du arbeitest in aller Ruhe zu Hause, während er sich womöglich täglich mit Kollegen herumschlagen muss.

In diesem Fall ist es wichtig, ein Gespür für die Position des anderen zu entwickeln und Rücksicht auf ihn zu nehmen. Denn er kann nach Feierabend das Bedürfnis nach Ruhe haben, während du dich mitteilen möchtest.

Rollen ohne Ende

„Ach, wie ich dich beneide", flüsterte Romeo Harald ins Ohr und setzte vier benutzte Suppenteller auf der Anrichte ab. Die beiden hatten beschlossen, „die Männer" noch ein wenig plaudern zu lassen, während sie sich um das Hauptgericht kümmern wollten. „Holger behandelt dich wie ein wahrer Gentleman."

„Beneiden?", zischte Harald zurück. „Das ist die Hölle! Er holt jeden Morgen Brötchen für mich und kaut dann auf seinem Müsli mit H-Milch herum. Er macht Kaffee, obwohl er keinen verträgt; es lohne sich nicht, extra für ihn Tee zu kochen. Letztes Wochenende waren wir auf Rügen; er lag die ganze Zeit mit leidendem Gesichtsausdruck und Pusteln auf der Haut unterm Sonnenschirm: Meerwasser-Allergie – seit seiner Kindheit. Und gelesen hat er *Sieben Jahre Tibet*. Der Mann macht mich wahnsinnig!"

Holger gehört offenbar zu denjenigen, die sich gern schlecht behandeln lassen. Und wenn man ihnen den Gefallen nicht tut, übernehmen sie es selbst. Das hat nichts mit Masochismus im sexuellen Sinn zu tun. Ihnen geht es darum, Schuldpunkte zu sammeln. Richtig gut fühlen sie sich nur, wenn es ihnen schlecht geht. Im Laufe ihres Lebens haben sie ausgeklügelte Mechanismen entwickelt, andere mit dieser Selbstaufgabe unter Druck zu setzen und sich auf diese Art genau das zu holen, was sie wollen: Aufmerksamkeit, Streicheleinheiten, eine neue Kücheneinrichtung.

Nach ihrem letzten Abendessen in Haralds Lieblings-Thai-Restaurant hing Holger die halbe Nacht über der Kloschüssel (das geht ihm nach Kokosmilch immer so). Die andere Hälfte der Zeit verbrachte sein liebender Gatte damit, ihn mit lauwarmen Wickeln zu pflegen. Und, Hand aufs Herz, auch Harald hat es genossen. „Naja, das war schon eine Scheiß-Nacht. Aber er ist einfach unglaublich süß, wenn es ihm nicht gut geht."

Muss mehr gesagt werden? In dieser Hinsicht passen die beiden einfach perfekt zusammen. Holger leidet auf hohem Niveau, und Harald genießt es, im Gegenzug dafür seine ganze Fürsorge in die Partnerschaft zu investieren.

Gegensätzliche Charaktere ziehen sich an

Oft finden sich Menschen, gerade weil sie unterschiedliche Rollen besetzen. Manch optimistischer Mensch wird mit einem Pessimisten glücklich, weil er glaubt, dieser könne ihn vor Leichtsinnigkeiten bewahren. Und der Pessimist hofft, sich von der positiven Einstellung seines Freundes wenigstens ab und zu anstecken lassen zu können.

Der eher unspontane, aber romantische Romeo fühlte sich von Tybalts unkonventioneller Art angezogen. Der wiederum sah in Romeo Stabilität und Sicherheit. Was aus der Distanz anziehend wirkt, kann im Zusammenleben allerdings anstrengend sein. Bestenfalls nutzen beide die Chance, voneinander zu lernen. Wenn sie jedoch ausschließlich ihre Standpunkte verteidigen, werden sie sich mit großer Wahrscheinlichkeit voneinander wegentwickeln.

FAQ

„Ich halte mich für eher lebensfroh, bin aber mit meinem Freund, einer kleinen Jammertasche, seit vier Jahren sehr glücklich. Wieso wird es trotzdem immer besonders heftig, wenn wir uns streiten?"

Auch nach vielen Jahren in einer Beziehung kann es gegensätzlichen Menschen noch schwer fallen, sich wirklich in den anderen hineinzuversetzen. Das wird dann offensichtlich, wenn man in einer Meinungsverschiedenheit steckt. Denn häufig ziehen sich beide Partner dann auf ihre Extrempositionen zurück.

Gerade dann ist es aber besonders wichtig, dass du dir Mühe gibst, deinen Freund zu verstehen und zu respektieren. Denn es besteht die Gefahr, dass euch Situationen wie diese entfremden. Mach dir bewusst, dass eure Sichtweisen zwangsläufig voneinander abweichen. Zum großen Teil ist eure Beziehung genau darauf gegründet. Da eure Betrachtungsweisen einseitig sind, wird die Realität und auch eure Einigung meist irgendwo in der Mitte liegen.

Macht

„Ruh dich ruhig noch etwas aus, Liebes. Das kann ich doch für dich machen."

„Ach, nein, ist schon gut. Aber wolltest du nicht noch ein wenig Zeitung lesen?"

Sind das ungewohnte Töne, wenn es um die Vergabe von Aufgaben in einer Beziehung geht? Kein Stück! Denn Aufgaben können auch angenehm oder prestigeträchtig sein und den eigenen Machtbereich erweitern. Wer darf im Auto ans Steuer? Wer hat beim Kochen die Hosen an? Wer führt die Gäste durch die neue Wohnung?

Genauso wie im Laufe einer Beziehung Rollen verteilt werden, sieht es auch mit der Macht aus. Manchmal wird dabei geredet, diskutiert, gestritten, manchmal spielen sich Machtverhältnisse mehr oder weniger ohne weiteres Zutun von alleine ein. Macht in einer Beziehung ist ein heikles Thema. Wer über Macht verfügt, kann das Verhalten oder die Einstellung seines Freundes gegen dessen Willen beeinflussen und verändern.

Wenn Romeo sich weigert, den Wagen zu fahren, hat das keine großen Auswirkungen, denn Tybalt hat ebenfalls ein Auto und einen Führerschein. Wenn Holger allerdings nicht fahren will, muss Harald zu Fuß gehen; er hat keine Fahrerlaubnis. Somit kann Holger seine Position ausnutzen. Dafür ist Holger unterwegs ohne seinen Freund aufgeschmissen, denn er hat überhaupt keinen Orientierungssinn. Es würde keinem nutzen, sein Können zu verweigern.

Da Fähigkeiten und Güter in einer Beziehung selten gleich verteilt sind, wird sich fast immer eine Konstellation wie diese finden lassen. Beide profitieren voneinander. Und beide lernen schnell, dass sie auch sich selbst schaden, wenn sie ihre Macht ausspielen.

Der Umgang mit emotionaler Macht ist dagegen weitaus problematischer. Emotionale Macht lässt sich mit einer einfachen Formel beschreiben: Je weniger emotionale Abhängigkeit, desto mehr Macht.

Nehmen wir an, du bist deinem Freund hemmungslos verfallen; allein der Gedanke an ein Ende dieser Beziehung bringt dich um. Er hingegen scheint das Ganze lockerer zu sehen. Er ist zwar glücklich mit dir, vermittelt aber nicht den Eindruck, er wäre sich der Beziehung bereits hundert Prozent sicher. Dann ist er in einer Position, die einem Machtmissbrauch Tür und Tor öffnet. Seine Wünsche und Ansprüche kann er durchsetzen, indem er darauf verweist, sich andernfalls nach jemand anderem umzusehen.

Die meisten Menschen haben bereits Erfahrungen mit dem Prinzip der emotionalen Überlegenheit gemacht. Nicht selten vermeiden sie deshalb, das Ausmaß ihrer Abhängigkeit zu zeigen. Sie erhoffen sich, durch dieses Spiel emotionale Macht zu sichern. Leider vergessen die

Anhänger dieser Strategie, dass Ehrlichkeit in Gefühlsbelangen eine wichtige Voraussetzung für gesunde Beziehungen ist. Wer Angst hat, seinem Freund die eigenen Gefühle zu offenbaren, befindet sich in einer Sackgasse. Er ist entweder an einen Menschen geraten, dem man grundsätzlich nicht vertrauen kann – das wäre für eine Partnerschaft der Falsche – oder er ist selbst noch nicht in vollem Ausmaß beziehungsfähig.

Die temporäre Diktatur

Wenn die Rollen in einer Beziehung nicht so klar verteilt sind, wie Tybalts Vater das gerne gesehen hätte, ist auch der Herrschaftsanspruch nicht immer eindeutig geklärt. Tybalt und Romeo, beide eher starke Persönlichkeiten, geraten sich zum Beispiel im Auto immer wieder in die Haare. Tybalt weiß besser, wo es langgeht, und Romeo mäkelt über die forsche Fahrweise seines Freundes. Am Ziel sind die beiden oft vollends zerstritten.

Und damit sind sie kein Einzelfall. Zu viel Leid geschieht, weil sich Freunde darüber streiten, ob man blinkt, wenn man in den Kreisverkehr fährt oder wenn man ihn verlässt. Zu oft müssen Dritte in letzter Sekunde verhindern, dass zwei Streithähne mit Wagenheber und Warndreieck aufeinander losgehen.

Und die Fahrweise ist nur ein Punkt unter vielen, über den der eine besser Bescheid weiß als der andere. Zu viele Beziehungen zerbrechen, nur weil sich die beiden Unglücklichen nicht einig darüber werden, ob man Karotten raspelt oder in Würfel schneidet.

In Situationen wie diesen hilft nur die Rolle des temporären Diktators. Wenn Romeo am Steuer sitzt, gilt für Tybalt Kommentarverbot (akute Gefahrensituationen natürlich ausgenommen). Umgekehrt wird Romeo zur bloßen Küchenmaschine, wenn sein Gatte beim Kochen die zeitweilige Königskrone trägt. Dann darf nur Tybalt bestimmen, wann was wie gemacht wird. Und beim nächsten Mal ist Romeo an der Reihe.

Tipp: Gutes Essen ist der Sex des Alters sowie vieler reifer Beziehungen. Und Harmonie ist eine der Hauptzutaten. Wer über die Zubereitung einer Mahlzeit streitet, schmollt beim Essen und trennt sich pünktlich zum Nachtisch. Deshalb sollte man auf Streitereien in der Küche verzichten und gerade am Herd auf die temporäre Machtübernahme zurückzugreifen.

Als sichtbares Zeichen der Herrschaft empfiehlt sich eines dieser lächerlichen Papp-Krönchen von Burger King. Mögliche Diskussionen verschiebt man auf die Zeit nach dem Essen. Dann sollte man sich den Bauch so voll schlagen, dass man vor lauter Sodbrennen keine Lust mehr auf Streit (oder Sex) hat und glücklich und ohne Trennung einschläft.

Die Politik der Liebe

Es ist erstaunlich, wie sehr Beziehungen zwischen zwei Menschen der großen Politik ähneln können. Was Staaten vormachen, können Liebende schon lange.

Machtverhältnisse werden nicht immer rational vergeben. Manche Beziehung gleicht einer Diktatur ohne wechselnden Herrschaftsanspruch. Typisch für solche Bündnisse sind Sätze wie: „Glaub ja nicht, dass wir noch einmal ..." oder „wie du willst, Liebling".

Anarchie und Chaos herrschen, wenn es keine Regeln gibt. Oft jubeln sich die Liebenden alles Mögliche unter und vermitteln dem anderen dabei das Gefühl, er sei selbst auf die Idee gekommen.

Einen Hauch von Sozialismus mag man bei Paaren entdecken, die sich „genauso lieben, wie sie sind". Sie zeichnen sich durch ständige Wir-Phrasen aus: „Schnitzel mögen wir ja nicht so gerne."

Bleiben noch die Demokraten: Man erkennt sie an ihrer ausgeprägten Diskussionskultur: „Darüber können wir doch reden". Der tiefe Glaube an die Relevanz eines jeden Arguments lässt sie schon mal auf der Autobahn-Auffahrt anhalten, um nicht voreilig und einseitig vollendete Tatsachen zu schaffen.

Wie in der echten Politik können auch diese Systeme plötzlichem Wandel unterliegen. Wer das Tranchier-Messer mit den Worten „Dann mach deinen Mist doch allein!" in die Ecke pfeffert, begeht zum Beispiel einen Putschversuch.

Eine Kriegserklärung ist es, den Wagen auf der Autobahn-Auffahrt zu verlassen und seinen Freund dem Schicksal und zwei aufgebrachten LKW-Fahrern zu übergeben.

Beziehungen unterliegen einem ständigen Wandel. Sie können sich ungeplant von einer Form wegentwickeln und sich einer anderen annähern. Man kann die Nachteile der jeweiligen Modelle für die eigene Beziehung aber auch gemeinsam erkennen und bewusst versuchen, neue Formen des Zusammenlebens für sich zu erschließen.

Natürlich ändern sich in einer Beziehung auch die Machtverhältnisse. Man übernimmt im Laufe der Zeit andere Aufgaben und neue Verantwortung und verändert damit auch seinen „Herrschaftsbereich". Wer mit seinem Freund darüber redet und ihn nicht vor vollendete Tatsachen stellt, entschärft eine möglich Konfrontation schon im Voraus.

Kleine Rangeleien und „Machtspiele" sind etwas ganz Alltägliches. „Spiele" bleiben sie aber nur dann, wenn es Regeln gibt, an die sich beide halten. „All is fair in love and war" („alles ist erlaubt im Krieg und in der Liebe") ist eine Lüge! In Beziehungen ist nur erlaubt, was auch fair ist!

FAQ

„Sollte man in einer Liebesbeziehung nicht grundsätzlich auf jede Form von Macht verzichten?"

Das ist eine komplizierte Frage. Man sollte auf jeden Fall auf alle Formen des Machtmissbrauchs verzichten. Denn auch eine unangenehme Aufgabe kann mit ein wenig Geschick missbraucht werden. „Ich dachte immer, meine alleinige Verantwortung für das Badezimmer sei die absolute Arsch-Karte", sagte Holger. „Bis ich herausfand, dass ich das Bad nur einmal vernachlässigen muss, wenn Haralds Arbeitskollegen zu Besuch kommen."

Eine Beziehung krankt allerdings wirklich, wenn emotionale Macht ungleich verteilt ist und ein Partner dies ausnutzt. Wer weniger liebt und daraus Kapital schlägt, wer den anderen bewusst mit Tränen unter Druck setzen will, wer schreit, schweigt oder schmollt, um seine Ziele durchzusetzen, der missbraucht Macht.

Sex

In jedem Buch gibt es einen Zeitpunkt, an dem der Leser ganz tapfer sein muß: Die unglaublich gut aussehende Nebenfigur stirbt im Roman spätestens im zweiten Drittel; im Beziehungsratgeber kommt dafür das Kapitel über banalen Alltagssex.

Womöglich glaubst du der Propaganda deiner in langjährigen Beziehungen lebenden Freunde, ihr Sex sei noch immer „so was von experimentell". Dann versuch doch mal Folgendes: Durchbrich den Kreislauf der gegenseitigen Übertrumpfungen und gestehe offen, dass deine Lust am ehelichen Sex durchaus Grenzen kennt. Danach genieße die Stille, die nervös zuckenden Winkel offener Münder und die Flut ihrer Bekenntnisse.

Sex hat in einer Beziehung in der Tat das Potenzial, besser zu werden. Denn mit zunehmendem Vertrauen kann man offener über seine Wünsche sprechen. Außerdem hat dein Partner im Laufe der Zeit Gelegenheit zu lernen, was du besonders magst. Gemeinsam kann man nicht nur alte Techniken verfeinern, man kann auch neue Varianten versuchen.

Aber irgendwann kommt der Zeitpunkt, an dem ihr alles ausprobiert und jeden Zentimeter Haut erkundet habt. Ihr kennt euch – im wahrsten Sinne des Wortes – in- und auswendig. Neuerdings hast du Prüfungen, er Grippe; dein Mann sieht Sportschau und du auf einmal seine Speckröllchen. Aus „morgens, mittags, abends" wird „nur noch vor dem Schlafengehen". Statistisch gesehen landet ihr früher oder später bei 2,8-mal pro Woche oder einem lustlosen Ausnutzen einer zufällig zeitgleichen Morgenlatte.

Dabei hat auch unspektakulärer, eingespielter Partnersex seine schönen Seiten. Er kann unglaublich zärtlich oder besonders tabulos sein. Auch wenn er mit großer Wahrscheinlichkeit seltener stattfindet, heißt das nicht, dass er schlecht werden muss. Schlecht wird er dann, wenn ihr es erwartet, voreilig kapituliert und euch nicht mehr bemüht.

Tipp: Wenn der Sex seltener wird, kann man die größeren Abstände dazu nutzen, sich ausgiebiger darauf vorzubereiten: Sprühsahne für den Bauchnabel, das passende Gemüse oder aufmerksame Lektüre über die Königsberger Krabbe. Dann bekommt euer Sex auch wieder den Reiz des Besonderen.

Was ist dir heute
Abend lieber:
Sex oder Liebe?

Wie? Im Allgemeinen
oder nur heute Abend?

Nur heute Abend!

Liebe?

Na, gut, also ...

Was hast du da?

Wir werden zusammen einen Quilt machen und dabei
wichtige Symbole und Erinnerungsstücke aus unserem
gemeinsamen Leben einnähen. Wenn er fertig ist, können
wir ihn aufhängen als lebendes Dokument unserer ...

Ich glaube,
ich hab's mir
anders
überlegt ...

Gott sei Dank!

5. Kapitel

Streit- und Gesprächskultur

Es treten auf:
Romeo Montague
Tybalt Capulet
Die schöne Helga (eigentlich Holger)
Harald
zwei Polizeibeamte und
Marianne Rosenberg (Playback)

Mit einer Mischung aus wissenschaftlichem Interesse und unverhohlenem Ekel stand Tybalt in der Küche seines Freundes Romeo und betrachtete den nervös hüpfenden Inhalt der Bratpfanne.

„Was soll denn das sein", fragte er und bändigte mit einem Kochlöffel zwei der im Fett brutzelnden Klümpchen.

„Finger weg von meinen Hühnerherzen!", schrie Romeo aus dem Wohnzimmer. Er kam gerade rechtzeitig in die Küche gestürzt, um zu sehen, wie sein Freund ein Metallspießchen in die Schlagader eines der Herzen gesteckt hatte. Mit spitzen Fingern hob Tybalt es aus der Pfanne und betrachtete das leblose Organ angewidert.

„Was macht man damit?", fragte er bestürzt, Schlimmstes erwartend.

„Man isst sie", gab Romeo, inzwischen schon leicht gereizt, zurück und bestätigte damit Tybalts Befürchtungen.

„Zum einen würde ich nichts anfassen, was auch nur im Entferntesten so riecht", raunzte Tybalt seinen Freund an. „Wie kann man etwas Derartiges nur essen wollen? Und zweitens wäre das viel zu wenig für uns beide."

„Zum einen", äffte Romeo seinen Freund nach, „sind die nur für mich bestimmt. Und außerdem weiß ich, dass du kein Fleisch magst, und habe dir deswegen schon einen deiner geliebten Tofu-Burger mit in die Pfanne gelegt."

Die Meinungsverschiedenheit

Am Anfang einer Beziehung steht die Meinungsverschiedenheit – und das ist leider nicht nur ein dummer Spruch von Tybalts Vater. Denn es sind unterschiedliche Ansichten, die euch auf den Boden der Realität zurückholen. Bisher wart ihr eine homogen verklebte, frisch verliebte Masse, die in allen Fragen einer Meinung war. In eurem gemeinsamen Leben ging es nur um das nächste Date und den kommenden Orgasmus.

Doch der Moment der Wahrheit rast unbarmherzig auf euer Liebesglück zu. Vielleicht stellst du, wie Tybalt, entsetzt fest, dass sein Leibgericht gebratene Hühnerherzen sind. Als Vegetarier könnte dir schon bei diesem Gedanken übel werden. Vielleicht brät dein neuer Freund gedankenlos, wie Romeo, deinen Bratling im selben Fett und verdirbt dir damit die Lust auf ein gemeinsames Abendessen. Schlimm genug!

Doch das ist noch nicht alles: Er steht auf Whitney Houston. Nach zwei Nächten mit ihm und seiner Doppel-Compilation: *Whitney – The Greatest Hits* ist die Schmerzgrenze überschritten. Du hast die CD binnen drei Stunden fünfmal aus der Stereoanlage ausgeworfen, sie zum Schluss sogar im Eisfach versteckt und deine Mundwinkel als Zeichen des Protests auf den Schultern abgelegt. Aber er drückt noch immer unverzagt auf die Play-Taste.

Jetzt werden grundlegende Weichen gestellt. Wollt ihr das Problem aussitzen, bis die CD zufällig mit der Pizza im Ofen landet? Werdet ihr darüber sprechen und einen Kompromiss suchen? Oder läuft es darauf hinaus, dass ihr euch anbrüllt und einer mit seinem Beauty-Case beleidigt hinaus in den strömenden Regen stürzt?

Beginnen solltet ihr auf jeden Fall mit „darüber sprechen" – streiten könnt ihr immer noch (und werdet ihr wahrscheinlich auch des öfteren). Doch schon bei der Art, über Probleme und Meinungsverschiedenheiten zu sprechen, gibt es grundlegende Unterschiede. Die Gesprächskultur, die ihr jetzt aufbaut, hat nicht nur maßgeblichen Einfluss auf den Erfolg eurer Beziehung. Ein respektvoller Umgang mit dem anderen und besonders mit seinen für dich vielleicht unbequemen Ansichten ist die Grundlage und der beste Anfang für jede glückliche Partnerschaft.

Hast du was?

Das ist wahrscheinlich die dümmste Frage, seit es Ehekrisen gibt. Denn wenn du sie stellst, hast du längst signalisiert bekommen, dass er „etwas hat". Trotzdem wird dein Freund sagen: „Nein, wieso denn?" Schließlich hält er dich für schuldig. Womöglich unterstellt er dir bösartige Absichten. Die eigentliche Botschaft seiner Antwort lautet: „Stell dich nicht so dumm an. Du weißt genau, was ich habe." Daraufhin fühlst du dich verarscht und wirfst wütend noch einen gehäuften Esslöffel Salz in seine Pfanne mit den Hühnerherzen, während er die Houston lauter dreht.

Tipp: Besser ist die konkrete Frage: Bist du sauer, weil ich gestern so spät nach Hause gekommen bin / weil ich deine Gleitcreme wieder in den Kühlschrank gestellt habe / weil ich deine CD ausgestellt habe?

Das wird den Streit wahrscheinlich nicht verhindern. Es wird ihn aber auf das abgesteckte Konfliktpotenzial begrenzen und überhaupt erst konkret zur Sprache bringen. Und damit besteht die Chance, die Ursachen ausfindig zu machen und die Störung zu beseitigen.

Vorwürfe

Vorwürfe sind ebenfalls kein hilfreicher Bestandteil einer Meinungsverschiedenheit. Wer anderen Vorwürfe macht, signalisiert damit, dass er die Schuldfrage bereits für geklärt hält, und häuft dem anderen die alleinige Verantwortung dafür auf. „Du lässt mich immer warten" ist ein harter Vorwurf und eine Verallgemeinerung, die in dieser Schärfe wahrscheinlich nicht einmal zutrifft. Für die Problembeseitigung ist er wenig konstruktiv.

FAQ

„Nun gut, vielleicht muss ich wirklich nicht absolut jedes Mal auf ihn warten. Aber mir kommt es zumindest so vor. Darf ich ihm das nicht sagen?"

Doch, natürlich. Aber sag es ihm so, wie es ist und in Form einer „Ich-Botschaft": „Ich habe das Gefühl, dass ich immer auf dich warten muss." Und sag ihm, wieso dich das stört: „Dann frage ich mich, ob ich dir wichtig bin." Oder in Kurzform: „Wenn ich auf dich warten muss, fürchte ich, dass ich dir nicht wichtig bin."

Noch schlimmer ist es, den konkreten Vorwurf in eine Aussage über die Persönlichkeit des anderen zu verpacken: Wenn zum Beispiel aus dem „Du lässt mich immer warten" ein „Du bist unzuverlässig" wird. Wer so was an den Kopf geworfen bekommt, hat bestimmt keine Lust mehr, ruhig darüber zu reden, wieso es am Abend vorher zu einer Verspätung kam.

Professionellen Lösungsverhinderern gelingt es zusätzlich noch, den Vorwurf inhaltlich auszulegen: „Es macht dir sogar Spaß, mich warten zu lassen". Der vorgetäuschte Gesprächsauftakt in Form einer Frage: „Wieso musst du mich eigentlich immer warten lassen?" ist lediglich ein Vorwurf in Ausgehuniform.

Gesprächskiller

Wer einen Menschen besser kennen lernt und sich wirklich für ihn interessiert, entdeckt naturgemäß auch die unangenehmen Seiten seiner Persönlichkeit. Geschickt eingesetzt hat er damit eine verheerende Waffe für den nächsten Streit in der Hand, einen sicheren Gesprächskiller und vielleicht sogar den Gnadenschuss für die Beziehung.

In manch simpler Erkenntnis über einen Menschen stecken mehr Wahrheit und mehr Schmerz, als man denkt. Bringt man sie im „richtigen" Moment auf den Tisch, ist die Diskussion gestorben: „Du bist der egoistischste Mensch, den ich kenne"; „Du zerfließt wie immer vor Selbstmitleid"; „Du schaffst es nicht, dein Leben in die Hand zu nehmen!"

Wer gerne solche Sprüche klopft und damit den Nerv trifft, hat wenig Freunde. Wer solches Wissen im Streit einsetzt, hat wahrscheinlich wenig Erfolg mit seinen Beziehungen. Dafür gelingt es ihm aber, den Partner zu verletzen und einen Sieg im Kampf um die Oberhand in einer

Diskussion zu erringen. Helfen wird er damit weder sich noch seinem Freund.

Tipp: Gerade beim Streit muss man darauf achten, den anderen nicht zu verletzen, nicht auf seinen Schwächen herumzureiten und ihn nicht zu erniedrigen. Das hinterlässt immer Spuren in der polierten Oberfläche einer Beziehung. Und wenn aus dem kleinen Lackschaden durch dauerhafte Belastung erst ein tiefer Kratzer geworden ist, hat man bereits die erste Bruchstelle vorbereitet.

Das heißt natürlich nicht, dass man über die negativen Eigenschaften seines Freundes nicht mit ihm reden darf. Man sollte diese Punkte aber auf keinen Fall benutzen, um sich bei einem Streit einen Vorteil zu verschaffen.

Was denkst du gerade?

Zu Romeos schlechten Angewohnheiten gehörte es, jede so genannte peinliche Stille mit der Frage zu überbrücken, woran Tybalt gerade denke. Eigentlich wollte er damit bewirken, dass Tybalt sich auch nach seinen Gedanken erkundigte. Dahinter steckte Romeos Angst, Tybalt wäre entweder oberflächlich oder würde sich nicht besonders für ihn interessieren.

Tybalt fand diese Art Frage aber lästig. Er zog es vor, von sich aus ein Thema anzusprechen, wenn es ihn bewegte. Also antwortete er stets mit „nichts", was Romeos Bedenken nur steigerte. Beschäftigte sich Tybalt wirklich nie mit etwas? Was sagte das über seinen Intelligenzquotienten aus?

Die Frage danach, was der andere denkt, verkommt oft zu einem Ritual. Man fragt, um die Stille zu durchbrechen, und verleiht damit der Gesprächspause eine Dramatik, die sie nicht unbedingt hat. Wenn der andere das Spiel kennt, wird er immer eine Antwort parat haben oder sich wie Tybalt verweigern.

Manchmal liegt in der Frage aber auch die Sehnsucht nach dem Mitteilungshunger der Anfangszeit. Viele Paare fürchten den Zeitpunkt, an dem sie sich nichts – oder nichts Wichtiges – mehr zu sagen haben. Dann wird es Zeit zu verstehen, dass Gespräche über Alltägliches genauso wichtig sind wie Diskussionen über große Probleme. Wenn dich banale Dinge beschäftigen, sind sie es wert, dem Partner mitgeteilt zu werden. Soviel Selbstbewusstsein muss sein. Und warte nicht darauf, dass dein Freund dich fragt, woran du gerade denkst: Miteinander reden ist Übungssache. Wünsche werden schließlich nicht von den Augen abgelesen.

FAQ

„Kurz vor dem Schlafengehen überschüttet mich mein Freund mit all den Problemen, die ihn gerade beschäftigen. Wenn er seine Sorgen abgeladen hat, dreht er sich um und schläft selig ein. Und ich wälze mich hin und her, weil mich seine Probleme nun vom Schlafen abhalten. Sollte ich mich weigern, ihm so spät noch zuzuhören?"

Es ist wichtig, dass du ihm zuhörst. Aber es muss nicht so spät sein. Bitte ihn, solche Themen deutlich früher mit dir zu besprechen. Auch du brauchst Zeit, sie zu verarbeiten.

Streitkultur – Zoff ist Herzenssache

Da hast du dir solche Mühe gegeben, alles richtig zu machen: Du verwirfst deinen ursprünglichen Impuls und entscheidest dich gegen den Vorwurf: „Du hast einen unmöglichen Musikgeschmack!" Statt dessen feilst du an einer Ich-Botschaft und stellst sie nach dem Abendessen versöhnlich in den Raum. Zu warten, bis ihr gegessen habt, ist übrigens ein geschickter Zug. Denn volle Mägen sind weniger streitlustig: „Inzwischen nervt mich die Houston leider sehr."

Trotzdem springt er auf und stürmt mit rotem Gesicht an deine CD-Sammlung. Mit sicherem Griff schnappt er sich einen Tonträger, der eine Frau im engen Schlauchkleid zeigt. „Meinst du, mir macht es Spaß, alle paar Stunden diese Leberwurst zu ertragen?", faucht er dich an – und geht dir damit eindeutig zu weit.

„Du wirst doch wohl meine Marianne-Rosenberg-Sammlung nicht mit deiner Jodel-Kuh vergleichen wollen", gibst du noch halbwegs beherrscht zurück. Aber da du innerlich bereits kochst, vergehen nur noch wenige Sekunden, und ihr seid in einen lautstarken Streit verwickelt, über den eure Nachbarn noch wochenlang reden werden.

„Ein guter Streit ist schon der Anfang einer Lösung." Das könnte von Tybalts Vater stammen – tut es auch. Wenn er es auch anders interpretierte. Er fand einen Streit dann gelungen, wenn er seine Frau so richtig zur Sau machen konnte.

Unter einem guten Streit solltest du aber eine Diskussion verstehen, in der beide Seiten an einer Lösung arbeiten wollen. Es darf nicht nur darum gehen, zu „siegen" oder seinen Standpunkt zu verteidigen. Dazu ist es wichtig zu verstehen, worum es bei eurem Streit wirklich geht. Es hilft außerdem, die verschiedenen Härtegrade einer Meinungsverschiedenheit zu kennen:

Der **Streit Light** ist sozusagen die kalorienreduzierte Variante einer Krise. Er ist vorhersehbar (weil dein Freund immer zu lange im Badezimmer braucht), unausweichlich (weil es dich nervt, danach unter Zeitdruck zu stehen) und endet zum festgelegten Zeitpunkt (wenn euch der Kartenabreißer nach der Lasershow doch noch in den Kinosaal lässt).

Diese Streit-Variante ist selten bedrohlich. Sie lässt sich umgehen, wenn du deinem Freund hilfst, seine Schwächen auszugleichen: beobachte, wie lange er im Bad braucht, und scheuche ihn vor einem Termin rechtzeitig unter die Dusche.

Medium: Nimmt ein Streit Light schärfere Züge an, erhält er eine andere Qualität. Romeo hasste es zum Beispiel, dass Tybalt zwei- bis dreimal pro Woche nach der Arbeit mit seinen Kumpels einen saufen ging. Also machte er ständig Bemerkungen, stichelte und war nach einer späten Heimkunft Tybalts betont unzufrieden. Einen echten Streit wollte er aber nicht vom Zaun brechen. Tybalt erkannte natürlich das Prinzip, weigerte sich aber ebenfalls, das Thema offen anzusprechen. Die Abende mit seinen Kumpels hielt er für sein gutes Recht.

Viele Paare denken, ein Medium-Streit wäre zu nichtig, als dass man ihn ausfechten müsse. Weit gefehlt: Auch hier muss unbedingt eine Lösung gefunden werden, denn steter Tropfen höhlt den Stein. Dann kann aus der vermeintlichen Nichtigkeit schnell eine große Sache werden.

Strong: Harald und die schöne Helga hatten beim Abendessen mit Romeo und Tybalt noch von einem „kleinen Streit" erzählt: Auf dem Wochenendtrip an die Ostsee seien so richtig die Fetzen geflogen. Ein ganzer Vormittag war flöten gegangen, weil die beiden in einem Stralsunder Krankenhaus Holgers Meerwasser-Allergie behandeln lassen mussten. Sein Portemonnaie mit Geld, Kredit- und Krankenkassenkarte hatte Holger im Apartment vergessen und so musste Harald die Rechnung erst einmal mit seiner Karte begleichen.

Nach dem Mittagessen standen plötzlich zwei Polizeibeamte in Zivil am Tisch der beiden. Es galt, den Vorwurf zu entkräften, Harald habe die Rechnung im Restaurant mit einer gestohlenen Kreditkarte bezahlen wollen. Dabei war lediglich sein Dispokredit wegen der immensen Krankenhausrechnung überzogen und seine EC-Karte gesperrt worden.

Die letzten Stunden des Tages verbrachten Harald und Holger damit, die sieben Kilometer vom Restaurant bis zur Ferienwohnung entlang einer vierspurigen Landstraße zu wandern. Denn inzwischen waren auch Haralds Barreserven restlos aufgebraucht.

Nach diesem Tag voller enttäuschter Erwartungen, nach Pusteln und leichtem Sonnenstich lagen die Nerven blank. Im Apartment kam dann der fast unausweichliche Streit, weil Harald keine Shampoo-Pröbchen eingepackt hatte und Holger seine Dauerwelle mit Kernseife pflegen musste. Danach legten beide die volle Palette Gesprächskiller an den Tag, bewarfen sich mit zwei Ikea-Gläsern und verlegten Holgers Bett auf die Wohnzimmercouch.

Man kann nicht jedem Streit aus dem Weg gehen. Manchmal reicht es schon, wenn sich zu viele ungünstige Kleinigkeiten geradezu unausweichlich zum großen Knall verketten. Ist der Dampf aber erst einmal abgelassen, steht einer Einigung oft nichts mehr im Weg. Auch in der Ferienwohnung von Harald und Holger standen schon am nächsten Morgen zwei dampfende Tassen Tee, frische Brötchen (von Holger kurz nach sechs Uhr besorgt) und eine Notration Conditioner (aus Haralds Geheimreserve) auf dem Frühstückstisch. Und als die Brötchen gegessen und die Haarpflege ausgespült war, konnten die beiden bereits über die Katastrophen des vorangegangenen Tages lachen und einträchtig die Scherben der Nacht beseitigen.

FAQ

„Im Umgang mit Worten ist mir mein Freund weit überlegen. Wie kommt es, dass er bei einem Streit die Fähigkeit zu argumentieren verliert und nur noch rumbrüllt?"

Das ist ein interessantes Phänomen: Unsere Gesellschaft ächtet es, wenn ein Überlegener im Kampf mit einem Unterlegenen seine „effektiveren Waffen" einsetzt. Bessere Technik gibt jedem Sieg den Beigeschmack eines unfairen Kampfes. Deshalb verfallen viele ausgezeichnete Strategen im häuslichen Streit auf äußerst plumpe Taktiken zurück. Wenn dich das stört, solltest du es erst ansprechen, sobald sich eure Gemüter beruhigt haben.

Der Bagatellenstreit

Leider kann man die Schuld für einen heftigen Streit nicht immer auf eine unglückliche Verkettung dummer Zufälle schieben. Oft entwickelt er sich aus vermeintlichen Kleinigkeiten, hinter denen sich jedoch ein Prinzip versteckt.

Den sonst so ruhigen Tybalt brachte es zum Beispiel zur Weißglut, wenn sein Freund Romeo die Fenster offen ließ. Tybalt hielt Dauerlüften für eine unnötige Verschwendung von Heizkosten und Energie. Schon in der dritten Woche, die sie gemeinsam in Romeos Wohnung verbrachten, begann er, seinen Freund deswegen mit Liebesentzug und andauernder Gereiztheit zu strafen. Eigentlich hätte Tybalt das Thema ansprechen wollen. Er fürchtete aber, dass Romeo diesen Wunsch als Ausdruck von Tybalts schlechterer Finanzlage deuten würde. Romeo hingegen hatte sich noch nie Gedanken darüber gemacht, wie er die Wohnung lüften sollte. Er verstand nicht im Geringsten, warum Tybalt schmollte.

Ein ähnliches Problem, hinter dem die beiden erst das Prinzip entdecken mussten, war Tybalts Arbeitskleidung: Romeo war es peinlich, wenn sein Freund in verschmierten Latzhosen auf dem Gelände der Montagues gesehen wurde. Es fiel ihm jedoch schwer, Tybalt darauf anzusprechen, weil er nicht spießig erscheinen wollte.

In beiden Fällen war es der jeweils andere, der das Thema zu einem günstigen Zeitpunkt ansprach. Sie überwanden ihre Scheu, hörten sich die Sorgen und Wünsche des anderen an und versuchten, einen Kompromiss zu finden.

FAQ

„Ist es notwendig, dem tieferen Grund für einen Bagatellenstreit auf die Spur zu kommen?"

Ja. Einsicht über das, was in dir oder deinem Freund vorgeht, ist immer hilfreich. Wenn Romeo dazu steht, dass Tybalt kein Akademiker ist, sind seine Kumpel vielleicht weniger problematisch.

Viel schwerer war es jedoch, über Tybalts lange Abende mit seinen Freunden zu sprechen. Was Romeo beschäftigte, war nicht die Tatsache, dass Tybalt Spaß ohne ihn hatte – er hätte ja mitgehen können. Romeo mochte Tybalts Freunde nicht und befürchtete, es könnte an ihrer unterschiedlichen sozialen Herkunft liegen. Seine eigentliche Angst war, dass Tybalt und er deswegen womöglich nicht füreinander bestimmt waren. Würde er mit Tybalt darüber reden, wäre klar, dass er die Beziehung an sich in Frage stellte.

FAQ

„Ist es unumgänglich, den eigentlichen Streit auszutragen?"

Nicht unbedingt. Vielleicht geht es um einen Teil der Persönlichkeit des anderen, an den man sich gewöhnen muss. Vorausgesetzt, man möchte trotzdem zusammenbleiben. Romeo wird aus Tybalt keinen Philosophen machen können und Tybalt aus Romeo keinen Bergsteiger. Wenn beide das akzeptieren, müssen sie sich deswegen nicht streiten.

Wenn dein Freund übersteigert auf etwas reagiert, das du für eine Kleinigkeit hältst, ist das ein Indiz für ein Prinzip hinter einem Bagatellenstreit.

Wahrscheinlich geht es ihm nicht um den Vorwurf im Detail, sondern um Werte und Normen. Wenn es dir nicht gelingt, die Zusammenhänge zu verstehen, musst du ihn danach fragen!

Auch Tybalt erkannte den Zusammenhang zwischen seinen Ausflügen mit den Arbeitskollegen und Romeos schlechter Laune. Und er bemerkte, dass es seinem Freund schwer fiel, das Thema anzusprechen. Wenn die beiden nicht in einen Dauerstreit verfallen wollten, musste Tybalt die Initiative ergreifen.

Streit vor Freunden

Eine Sonderform der Meinungsverschiedenheit ist der Streit vor Freunden. Andere Menschen nach ihrer Meinung zu fragen oder um einen Rat zu bitten, ist nicht verwerflich. Kommen aber Emotionen ins Spiel, geht es meist darum, Allianzen zu schmieden, Unterstützung für die eigene Position zu bekommen oder den Freund in aller Öffentlichkeit zu erniedrigen.

Wenn es dir bei einem Streit mit deinem Gatten wirklich um einen Rat geht, kannst du einen guten Freund auch unter vier Augen fragen. Dann hast du die Chance, von deiner Position abzurücken, ohne vor Publikum eine Niederlage einzugestehen. In der Beziehung zu deinem Freund darf es sowieso nicht um Fragen wie den Gesichtsverlust gehen. Ein beigelegter Streit macht euch beide zu Gewinnern, auch wenn nur einer von euch einen kurzfristigen Sieg nach Punkten einfährt.

FAQ

„Freunde von mir streiten sich ständig in meiner Gegenwart und verlangen dann nach einer Lösung. Soll ich mich einmischen?"

Jeder kennt wahrscheinlich diese peinliche Zwickmühle. Am liebsten möchte man den Raum verlassen – sollen sich die Liebenden doch allein zerfleischen. Da man aber nicht einfach verschwinden kann oder will, scheint es am einfachsten, den Streit mit einem Schiedsspruch zu beenden. Doch das kann gefährlich werden: Angenommen, auch dein Lösungsvorschlag scheitert nach einigen Tagen. Dann haben die beiden einen neuen Schuldigen, und du kannst sehen, wo du bleibst.

Wer zu Gericht sitzt und sein Urteil spricht, übernimmt damit Verantwortung. Eine Bürde, die sich oft nur schwer tragen lässt. Besser ist es, den beiden Streithähnen Denkanstöße zu geben, ihnen zu helfen, das Problem aus verschiedenen Perspektiven zu sehen und es selbst zu lösen.

Die Versöhnung

„Ich fand das ja sooo süß", plauderte die schöne Helga beim Nachtisch, „als am nächsten Morgen der Conditioner auf dem Tisch stand. Da fiel es mir überhaupt nicht schwer, mich mit Harald zu versöhnen."

„Versöhnen?", fragte Tybalt und schob sich einen Löffel Vanilleschaum samt Deko-Zitrone in den Mund. „Wieso versöhnen? Gibt's an der Ostsee keine Kondome?"

Tybalt hielt nichts von einer Deeskalation in kleinen Schritten: Conditioner, Brötchen, Tee, ein erstes Lächeln, „war doch gar nicht böse gemeint" – „ich fand es auch nicht so tragisch". Und letztlich wäre beiden so harmonisch zumute, dass sie gemeinsam fernsehen würden. Wie unspektakulär!

Harald verstand nicht, worauf Tybalt hinauswollte. „Natürlich haben wir uns versöhnt; es war unglaublich romantisch. Was hättest du denn gemacht?"

„Sex", beantwortete Romeo die Frage. „Tybalt hätte Sex gemacht. Kurze Versöhnung, langer Beischlaf. Das ist sein Rezept."

Tybalt nickte stolz: „Nicht umsonst heißt es, Versöhnungssex sei der beste Sex. Er ist unglaublich emotionsgeladen."

Dazu musste natürlich der vorangegangene Streit leidenschaftlich gewesen sein. War der Organismus noch vor kurzer Zeit auf Angriff eingestellt, platzt er beinahe vor Adrenalin. Das hatte Tybalt schon bei seiner ersten Affäre entdeckt. Seitdem heizte er kurz vor der Versöhnung jeden Streit noch einmal so richtig an, präsentierte dann die Lösung mit einer glaubwürdigen Entschuldigung für seine Mitschuld und gab sich voll und ganz dem Akt danach hin.

Inzwischen fürchtete er aber, Romeo habe das Muster hinter diesem Versöhnungsverhalten erkannt – was dem Sex allerdings keinen Abbruch tat.

Tipp: Am besten ist der Versöhnungssex nach einem leidenschaftlichen Streit-Light. Gerade hast du dich noch gefragt, wieso du diesem Menschen die besten Jahre (oder waren es nur Wochen?) deines Lebens geopfert hast, da wird dir bewusst, dass niemand ernsthaft verletzt wurde. Die Beziehung an sich stand zu keinem Zeitpunkt zur Diskussion. Also spricht nichts dagegen, sich zu versöhnen und glücklich in die Federn zu springen.

Aus reiner Lust am Sex sollte man natürlich keinen Streit vom Zaun brechen. Die Gefahr, bereits an der Versöhnung zu scheitern, ist – abhängig vom jeweiligen Charakter – einfach zu groß. Tybalt ist sicherlich nicht der einzige, der gerne übersieht, wie schwer es den meisten Menschen fällt, sich zu vertragen.

Um eine Meinungsverschiedenheit beizulegen, muss man etwas riskieren. Ihr habt Argumente ausgetauscht, ohne einer Lösung näher zu kommen. Wenn sich die Fronten verhärten und ihr euch weiterhin über Details streitet, wird euch das wahrscheinlich nicht weiterhelfen. Stattdessen könnt ihr versuchen, zuerst auf emotionaler Ebene wieder zueinander zu finden.

Mach etwas Besonderes: Organisiere einen Ausflug, koche sein Lieblingsgericht oder nimm ihm Arbeit ab. Natürlich besteht die Gefahr, dass er ablehnt oder weiterhin schmollt. Aber wenn ihr jetzt beide darauf hofft, dass der andere nachgibt, wird mit Sicherheit nichts passieren.

Du wirst feststellen, dass es manchmal nur darauf ankommt, den ersten Schritt zu machen. Gestern wollte noch keiner die Schuld tragen, verbot es euer beider Stolz, eine Schwäche im Durchsetzungsvermögen zu zeigen. Doch dann hat einer angefangen, und heute könnt ihr euch großzügig verzeihen. Wahrscheinlich werdet ihr euch gegenseitig beteuern, es sei alles nur die eigene Schuld gewesen. Das ist Liebe!

Vernon hat mit mir Schluss gemacht ... Er sagt, ich bin ihm zu oberflächlich und verlogen.

Das hat er schon rausgekriegt? Was hast du getan?

Nichts ... Er meint, ich hätte ihm nie gesagt, wie sehr ich ihn liebe. Also habe ich ihm diesen Brief geschrieben.

Pass auf: „Lieber Vernon, sag mir, ich träum's nur, und ich werde es dir glauben. wie kann das bloss alles wahr sein. Umgeben von Gefühlen, die ich kaum erkennen kann, such ich nach Erklärungen, es schlägt mich in seinen Bann. Hättest du mir gestern gesagt, welches Gefühl mich heute befiele, hätte ich ...

Moment! Moment! Deinen Liebesbrief hast du doch von Kylie Minogue abgeschrieben?

Tja, ich hatte keine Gedichtsammlungen. Meinst du, es fällt ihm auf?

Und, stehen die Chancen für eine Versöhnung gut?

Tja, I should be so lucky ...

„lucky, lucky, lucky..."

6. Kapitel

Krisen

Es treten auf:
Romeo Montague
Tybalt Capulet
Enrico, Küchengehilfe im Anwesen der Montagues
Julian Capulet
Robert und
Benni (die kleine Sahneschnitte)
Die schöne Helga (eigentlich Holger)

„Dein alter Herr fordert eine Null-Runde von seinen Arbeitern, hat sich und seinem Aufsichtsrat die Bezüge aber um 200 Prozent erhöht – und das nennst du gerecht?"

„Ich nenne das nicht gerecht", gab Romeo spitz zurück. „Ich nenne das freie Marktwirtschaft. Oder was glaubst du, wie man ein Anwesen wie dieses, eine Magd, zwei Köche und mein Studium finanziert?"

Tybalt hatte die Diskussionen mit Romeo über den Kommunismus im Allgemeinen und die Ausbeutung der Montagueschen Angestellten im Besonderen satt. Trotzdem konnte er das Thema nicht ruhen lassen oder Romeos Standpunkt tolerieren. Obwohl er einem Seitenzweig der ebenfalls wohlhabenden Familie Capulet entsprang, war er in einfachen Verhältnissen aufgewachsen und hatte ein Handwerk erlernt. In seiner Beziehung mit Romeo war seine Herkunft schon immer ein Problem gewesen.

„Ich habe Hunger und werde mir jetzt einen Tofu-Burger braten – ganz ohne eure Haussklaven."

„Aber glaub ja nicht, dass du mit diesem Zeug mein Ceranfeld versauen kannst." Nicht, dass Romeo es hätte putzen müssen. Es ging ihm nur um das letzte Wort. Also scheuchte er seinen Gatten in die Küche des Anwesens seiner Eltern.

„Und wenn die kleine Schlampe" – damit war Enrico, der Küchengehilfe, gemeint – „die Pfanne auch nur anfasst", brüllte Romeo vom Treppenabsatz Richtung Erdgeschoss, „kann er gleich seine Sachen packen!"

Also kümmerte sich Tybalt, zitternd vor Wut, selbst um seine Bratlinge. Erst nach dem zweiten Wenden bemerkte er, dass die „kleine
Schlampe" a) gar nicht so schlecht aussah und ihn b) mit Blicken aus-
zog. Er konnte es sich nicht verkneifen, Enrico ein paarmal zweideutig
anzugrinsen, bevor er die Burger auf einen Teller warf, die verkohlten
Ecken unter Ketchup begrub und sich zurück in die Höhle des Löwen
begab.

Oben angekommen, dauerte die Schlacht nicht mehr lange. Sie wurde deutlich lauter, noch heftiger und weitaus verletzender. Schließlich
schnappte sich Tybalt seine Sporttasche, pfefferte sein Lieblings-Shirt,
seine Unterhosen und Zahnputz-Sachen hinein und verließ mit einem
lauten Türknall das Haus.

Und es ward Stille.

„Zehn Sekunden", zischte Romeo durch die Zähne. „Ich gebe ihm
zehn Sekunden, dann kommt er wieder angekrochen und bettelt, dass
er seine Burger bei mir braten darf."

„Eins." In der Luft lag noch der Nachhall der ins Schloss geschlage-
nen Tür.

„Zwei." Absolute Ruhe.

„Drei." Ding Dong!

„Na, das ging ja schnell." Selbst Romeo war überrascht, wie zügig
sich seine Prophezeiung erfüllt hatte. Gemächlich machte er sich auf
den Weg zur Eingangstür, verwundert, wieso Tybalt nicht seinen eigenen Schlüssel benutzte.

Er öffnete, blickte auf Tybalts Augenhöhe ins Leere, suchte dann weiter unten und ließ den Kiefer fallen: „Was willst du denn hier?"

„Na ja", stammelte Julian Capulet verlegen. „Man sagt, dass ihr euch
getrennt habt. Und da dachte ich, vielleicht hast du ja mal Lust auf Kino
oder so."

Nichts ist so sicher wie der Tod und die Steuer. Nichts? Im Verlauf
einer Beziehung sind schwuler Klatsch und Tratsch, die Frage „Passen
wir überhaupt zueinander?" und Sex mit anderen Männer mindestens
ebenso zuverlässig eintretende Ereignisse. Jedes einzelne wäre schon
schlimm genug. Leider rammen die drei ihren Dolch mit großer Sicherheit zeitgleich in die Rippen einer Partnerschaft.

Dann müsst ihr vielleicht nach einigen Wochen oder Monaten feststellen, dass es mit euch leider nicht klappt. Wenn es gut läuft, geht ihr

noch einmal miteinander aus oder ins Bett, klärt, wem die angebrochene Zahnpasta-Tube gehört, und setzt als Single euer eigenständiges Leben (wie im ersten Kapitel) fort.

Wahrscheinlicher ist es jedoch, dass ihr euch beide (oder einer von euch) nicht sicher seid, wie es weitergehen soll und kann. Liebe, Sex, Hoffnungen oder gemeinsame Anschaffungen erschweren – vielleicht zum Glück – die voreilige Kapitulation.

Wenn es so weit gekommen ist, wird aus einem harmlosen Streit leicht eine handfeste Krise. Was du an deinem Freund gestern noch für einen temperamentvollen Charakter gehalten hast, interpretierst du heute als machtbesessen. Diskussionen zielen nicht mehr auf eine Lösung, sondern auf einen Sieg um jeden Preis – und sei es auch mit Hilfe von Kränkungen und Verletzungen.

Märchenhafte Beziehungen klingen nach einem süßen Dauerzustand, einer harmonischen Stagnation: „Sie lebten glücklich und zufrieden bis an ihr selig Ende." Reale Beziehungen sind aber kein Zustand, sondern ein Prozess. Sie unterliegen einem Wandel, der nicht immer in die Richtung läuft, die man sich wünscht. Man muss sich nicht wundern, wenn dieser Weg auch über Krisen unterschiedlicher Intensität führt. Deren Bewältigung, nicht das Aussitzen oder Überspielen, hält die Beziehung jung und am Leben.

Zweifel an der Beziehung

Steckt ihr in einer echten Krise? Ist eure Beziehung von einer emotionalen Zugewinngemeinschaft zu einem verlustreichen Krieg geworden? Müsst ihr euch womöglich eingestehen, dass eure Gefühle füreinander zwar sehr romantisch waren, für eine Beziehung aber nicht ausreichen? Dann wird es Zeit zu klären, ob ihr womöglich wirklich nicht zusammenpasst oder etwas grundlegend falsch macht.

Eine Beziehung zu führen wird schwerer, je mehr die Partner gegen das Abgrenzungsprinzip verstoßen. Es besagt, dass sich ein Paar sowohl nach außen als auch nach innen klar definieren muss: Im Bezug auf ihre Umwelt sollten sich die beiden als Einheit begreifen. Sie müssen Raum und Zeit für gemeinsame Aktivitäten beanspruchen. Gleichzeitig müssen beide unterscheidbar bleiben. Auch für die Umwelt ist es anstrengend, wenn sie sich ausschließlich als ein „Wir" begreifen und beschreiben.

Tipp: Eine Verletzung des Abgrenzungsprinzips kannst du am Verhalten deiner Umwelt erkennen. Schläft der Kontakt zu einem guten Freund ein, kann das daran liegen, dass du dich in letzter Zeit nur noch als Doppelpack verkaufst. Auch wenn du deinen Partner für einen tollen Typen hältst, muss das nicht heißen, dass ihn auch deine Freunde mögen. Im Zweifelsfall solltest du deine Freunde darauf ansprechen.

Zum Abgrenzungsprinzip gehört auch das **Prinzip der Gleichverteilung**. Es besagt, dass in einer Partnerschaft „regressive" und „progressive" Verhaltensweisen nicht als polarisierte Rollen auf die Partner verteilt sein sollten. Im Klartext: Eine dauerhaft erfolgreiche Partnerschaft erfordert mehr Einsatz und Anstrengung, wenn sich einer von euch beiden meist kindlich (im psychologischen Sinn) verhält, wenn er also Verantwortung in jeglicher Hinsicht scheut. Folgerichtig muss sich der andere stets erwachsen benehmen und Verantwortung nicht nur für sein eigenes Verhalten, sondern auch für das seines Freundes übernehmen. Progressives und regressives Verhalten ist übrigens keine Frage des Alters und deshalb auch nicht an einen deutlichen Altersunterschied zwischen den Partnern geknüpft.

Ein Mensch, der sich regressiv verhält, tut dies nicht unbedingt aus freiem Willen. Er ist womöglich nur an einen Freund geraten, der Verantwortung an sich reißt und seinen Partner in die regressive Rolle drängt. Dann sollte ein offenes Gespräch über die Verteilung von Aufgaben, Rollen und Macht geführt werden.

Tipp: Das Prinzip der Gleichverteilung hat viele Gemeinsamkeiten mit der Vergabe von Aufgaben. Solltest du zum Beispiel feststellen, dass du sowohl den Urlaub planst als auch alle Einkäufe für den gemeinsamen Haushalt (und so weiter) erledigst, dann ist das kein gutes Zeichen. Womöglich kriselt ihr genau daran. Denn eine einseitige Verteilung von Verantwortung lastet schwer auf den Schultern des einen und entmündigt den anderen.

Ebenfalls halbwegs gleich verteilt sollte das Selbstwertgefühl in einer Partnerschaft sein. Es kann einer Beziehung nur schaden, wenn sich einer als Mister Germany, der andere als hässliches Entlein sieht. Ähnlich krisenanfällig sind Beziehungen mit einem Partner, der sich für deutlich weniger intelligent, geschickt oder sozial kompetent hält als sein Freund. Auch wenn es anfangs nicht als Problem erscheint: Ein Partner, der sich für deutlich minderwertig hält, neigt im Laufe der Zeit zu Missgunst und Eifersucht – doch dazu später mehr.

In solchen Fällen ist es die Aufgabe des „überlegenen" Partners, das Vertrauen des „Unterlegenen" in sich selbst, seine Fähigkeiten oder sein Aussehen zu stärken.

Vergleichbares besagt die **Equity Theory**. Nach dieser Theorie bietet man sich in einer optimalen Partnerschaft gleich viel. In emotionaler, finanzieller wie auch in jeder anderen Hinsicht. Wobei Defizite in einem Bereich durch stärkeren Einsatz in einem anderen Bereich ausgeglichen werden können. Jede Abweichung von diesem Prinzip kann als Ungerechtigkeit empfunden werden.

Die Wertung des Gebotenen ist allerdings äußerst subjektiv. Die berufliche Situation von Benni und Robert, den beiden guten Freunden der schönen Helga, scheint der Equity Theory zu widersprechen. Denn Benni, die kleine Sahneschnitte, verdient deutlich besser als sein Freund Robert und finanziert deswegen das gemeinsame Auto. Aber er betont immer wieder, dass ihm die Zuneigung seines Freundes die finanzielle Mehrbelastung doppelt aufwiegt.

FAQ

„Bis vor ein paar Monaten habe ich – wie mein Freund noch heute – studiert. Jetzt arbeite ich Vollzeit und bin abends zu fertig, um noch zu spülen. Soll ich mich finanziell stärker engagieren, zum Beispiel ein Auto kaufen, da ich ihm die gesamte Hausarbeit aufhalse?"

Wieso nicht? Wenn ihr beide davon profitiert. Falls er sich in der Rolle der Hausfrau jedoch nicht wohl fühlt, gibt es noch andere Varianten: Du kannst zum Beispiel eine Haushaltshilfe einstellen, die deinen Teil der Arbeit übernimmt.

Ungewollte Veränderungen

„Wir sind seit unserem Studium zusammen und hatten nie das Gefühl, gegen eines der oben beschriebenen Prinzipien zu verstoßen", sagt Benni. „Aber seit wir beide einen Job haben, gönnt Robert mir keine Erfolge mehr. Er wird regelrecht verletzend, wenn ich ihm von einer Gehaltserhöhung oder dem guten Verhältnis zu meinem Chef erzähle."

Ja, auch das kann passieren. Da schleicht sich eine Verletzung des Abgrenzungs- oder Gleichverteilungsprinzips oder der Equity Theory sozusagen durch die Hintertür ein. Denn wenn sich die äußeren Umstände ändern, kann auch Bewegung in eure Selbsteinschätzung kommen. Robert war nach seinem Studium fast ein Jahr arbeitslos, machte danach eine Umschulung und arbeitet jetzt, wie er sagt, unterbezahlt. Ganz anders Benni: Drei Tage nach der Zeugnisvergabe trat er seinen ersten Posten an. Ein halbes Jahr später wurde er von der Konkurrenz abgeworben, bei doppelten Bezügen. Die kleine Sahneschnitte sieht nicht nur blendend aus, Benni ist im Job auch einfach gut. Und Roberts Selbstbewusstsein ist im Keller.

Es ändern sich allerdings nicht nur die äußeren Umstände. Auch eure Ansprüche unterliegen einem Wandel. In den ersten Wochen war man noch mit einem offenen Ohr und gutem Sex zufrieden. Heute darf es schon ein wenig mehr sein: Status, Wohnung, Auto oder wonach dir auch immer gelüstet.

FAQ

„Am Anfang unserer Beziehung fand mein Freund einfach alles klasse an mir. Ich sah klasse aus, hatte schicke Klamotten und habe – seiner Meinung nach – immer alles richtig gemacht. Ich glaube nicht, dass ich mich geändert habe. Wieso scheine ich ihn neuerdings zu langweilen?"

Manche Menschen haben eine Eigenschaft, die sich im Laufe der Zeit häufig als Problem herausstellt: ihre Neigung zur Bewunderung. Wenn dein Freund einen Partner sucht, dessen körperliche oder geistige Attraktivität er stets besonders hoch bewerten will, läuft er Gefahr, dass seine Bewunderungsfähigkeit ermüdet. Denn ein wesentlicher Bestandteil der Bewunderung ist der Reiz des Neuen – und der verfliegt.

Wahrscheinlich wird sich dein Freund nach einem neuen Objekt der Bewunderung umsehen, wenn es ihm nicht gelingt, das Muster hinter diesem Verhalten zu durchschauen. Damit es nicht so weit kommt, solltet ihr die einzelnen Punkte seiner aktuellen Enttäuschung gemeinsam durchgehen. Dann wird er einsehen, dass du noch genauso begehrenswert bist wie in den ersten Tagen. Vorausgesetzt, du hast dich wirklich nicht grundlegend verändert.

Veränderungen – psychologisch betrachtet

Du hast dich inzwischen durch mehrere Seiten trockener Theorie gekämpft und bist immer noch dabei? Meine Hochachtung! Zur Belohnung serviere ich zum Abschluss noch einen wahren Leckerbissen aus dem Reich des Unbewussten.

Viele Psychologen gehen davon aus, bei der Partnerwahl spiele die Beziehung zu einem Elternteil eine bedeutende Rolle. Und damit nicht genug: Im Wesentlichen drehe sich alles um eine bestimmte Phase in der Entwicklung des Kindes oder des Jugendlichen. Mehr oder weniger unbewusst sollen wir auf der Suche nach einem Partner sein, der sich ähnlich verhält wie unser Vater, als wir ein Teenager waren – oder vielleicht auch wie sich unsere Mutter verhalten hat, als wir in die Grundschule gingen. Diesbezüglich hat jeder seine eigenen, unterbewussten Wünsche.

Nach dieser Theorie kann es schwer wiegende Konsequenzen haben, wenn sich das Verhalten eines Partners oder die äußeren Umstände ändern.

Benni hat Robert, seinen Traumpartner, bereits vor drei Jahren gefunden. Unterbewusst hatte er einen Freund gesucht, dessen Verhalten dem seines Vaters ähnelte, als Benni ungefähr 15 Jahre alt war. Damals waren seine Eltern geschieden. Obwohl er bei seiner Mutter lebte, verbrachte Benni viel Zeit mit seinem Vater.

Vor kurzem zogen Benni und sein Freund in eine gemeinsame Wohnung. Damit war Robert – wir erinnern uns: der „Vaterersatz" – ständig in der Nähe. Ganz im Gegensatz zu Bennis Erfahrung aus seiner Jugend. Die Realität wich vom Idealbild ab, und Bennis Enttäuschung war groß.

Was tun? Zuerst einmal: keine Panik! In dieser Theorie geht es schließlich um Motivatoren, derer wir uns nicht bewusst sind. Wir wissen nicht, was uns gerade antreibt, und wir wissen nicht einmal, ob Freud & Co Recht haben. Aber wir erkennen ein Problem. In der Beziehung unserer kleinen Sahneschnitte kriselt es. Erste Frage: „Was ist denn los?"

„Keine Ahnung", sagt Benni ehrlich. „Seit wir zusammengezogen sind, ist Robert unausstehlich."

Aha! Benni hat also schon verraten, dass die Probleme zumindest in einem zeitlichen Zusammenhang mit dem Umzug stehen.

„Liebst du ihn denn noch?"

„Klar." Benni ist entsetzt über die Frage. „Aber so kann es nicht weitergehen. Er rückt mir nicht mehr von der Pelle."

Und schon hat der aufmerksame Beobachter die Problematik erkannt. Es geht hier um Freiräume. „Sag ihm doch einfach, dass es dir zu eng geworden ist und dass du mehr Zeit für dich brauchst. Wenn ihr nicht alles gemeinsam macht, hat sogar jeder Zeit, die er in der Wohnung allein verbringen kann. Ich bin sicher, dafür hat Robert Verständnis; schließlich hat das auch geklappt, als ihr noch nicht zusammengewohnt habt."

Sollte das nicht funktionieren, können die beiden immer noch zum Partnertherapeuten gehen und einen Fachmann in ihrem Unterbewusstsein stöbern lassen. Denn was nützt einem die schönste Erkenntnis über die eigenen Neurosen, wenn einem niemand sagt, wie man mit ihnen umgehen sollte?

FAQ

„Ich stehe eher auf Macker-Typen und mag es, wenn meine Freunde die Hosen anhaben. Wo würde ein Psychologe das Problem vermuten?"

Wenn du deinen Macker bereits gefunden hast, gibt es keinen Grund, nach einem Problem zu suchen. Den Psychologen würde vielleicht interessieren, woher deine Vorliebe für „starke" Männer kommt. Aber dafür bräuchte er deutlich mehr Informationen. Vielleicht würdet ihr herausfinden, dass deine Mutter während deiner Grundschulzeit nie die familiären Fäden aus der Hand gegeben hatte.

Von Bedeutung wird das erst, wenn deine Zurückhaltung in organisatorischen Dingen deinen Freund zu nerven beginnt. Denn auch Macker haben bisweilen das Bedürfnis, sich zurückzulehnen und den anderen arbeiten zu lassen. Wenn du dich dann querstellst und auf dein Gewohnheitsrecht pochst, kannst du schnell eine Krise provozieren.

Andere Männer

„Marleen, einer von uns beiden muß nun geh'n ..." Julian fiel es sichtlich schwer, das Anwesen der Montagues nicht tanzend zu verlassen. Romeo war zwar nicht gerade in bester Laune gewesen, aber für ein Kino-Date hatte es gereicht. Das war immerhin ein Anfang. „Marleheheen ..."

Und Romeo? Julian hatte ihn bisher nicht gerade umgehauen. Er hatte Julian bereits auf einer Party im Anwesen der Capulets getroffen und fand ihn bisweilen sogar etwas nervig: das nervöse Geplapper, seine etwas zu feuchten Küsse und dieses alberne Gazellen-Kostüm. Aber als Julian so schüchtern vor der Wohnungstür stand und nervös am Klettverschluss seiner Handy-Tasche knibbelte, sah das plötzlich ganz anders aus.

So ist das mit den Männern: Kaum hat man Stress mit dem Gatten, wirken sie deutlich attraktiver. Eine böse Falle unserer verzerrten Wahrnehmung, denn die Überschätzung eines anderen kann sich auf die bestehende Beziehung verheerend auswirken. Wenn andere Männer zu Beziehungsanwärtern werden, verringert das die Bereitschaft, an vorhandenen Problemen zu arbeiten. Es besteht die Gefahr, für ein Phantom alles aufzugeben, was man zu zweit bisher aufgebaut hat.

Natürlich herrscht an der Fleischtheke des Lebens ein unbegrenztes Rückgaberecht. Aber das gilt auch für deinen Gatten. Und wenn ihm bewusst wird, dass du die Fühler nach anderen Männern ausstreckst, wird er den Schlussstrich vielleicht noch vor dir ziehen.

Ganz anders verhält es sich mit dem berechtigten Wunsch, etwas Zeit mal wieder allein oder auch mit anderen Männern zu verbringen. Dieses Verlangen steigt, wenn die Gefühle des Verliebtseins verblassen, und ist an sich keine Gefährdung der Beziehung. Problematisch wird es aber, wenn es nicht bei beiden zur selben Zeit passiert. Dann neigt der eine dazu, den Wunsch des anderen zu unterschätzen, und fühlt sich gleichzeitig verletzt.

Gerüchte

Schwuler Klatsch und Tratsch verbreitet sich schneller als der Schall. Er ist selten ein Abbild realer Verhältnisse, denn wer gerne tratscht, weiß, dass nichts langweiliger ist als die Wahrheit.

In den meisten Gerüchten steckt zusätzlich eine gehörige Portion Wunschdenken und Missgunst des Urhebers. „Der springt doch mit jedem ins Bett" verbreiten Menschen meist über ein Objekt ihrer Begierde, bei dem sie nicht landen konnten. „Beziehungen halten bei dem nie lang" hoffen und erzählen manche Menschen über jemanden, den sie gerne bald wieder auf dem Single-Markt sehen würden.

Deshalb muss für eine Beziehung immer gelten: Gerüchte über den Partner sind prinzipiell anzuzweifeln und zu allererst mit ihm zu klären. Die Urheber der Geschichte sind, wenn überhaupt, erst an zweiter Stelle anzuhören. So viel Vertrauen muss sein.

FAQ

„Nehmen wir an, ich höre ein unschönes Gerücht über meinen Freund und erzähle es ihm. Wird er dann nicht denken, dass ich an den Wahrheitsgehalt der Geschichte glaube?"

Es ist auf jeden Fall besser, mit ihm über die Hintergründe zu reden, als einen Keimling des Zweifels in dein Vertrauen zu pflanzen. Außerdem ist es nur fair, ihm die Chance zu geben, sich zu den Vorwürfen zu äußern. Vielleicht hat er nur auf einen Anstoß gewartet und ist froh, dieses Thema endlich mit dir besprechen zu können. Ein offenes Gespräch über unangenehme Begebenheiten ist immer auch ein Zeichen des Vertrauens.

Gewalt

„Es war nicht die Tür des Hängeschrankes." Endlich kam Holger zur Sache. Romeo und er saßen seit 20 Minuten im Straßencafé, weil Holger dringend mit jemandem reden wollte. Aber bisher war er nur von einer Belanglosigkeit in die nächste geholpert und hatte seine Gabel nervös in der Erdbeertorte versenkt, ohne sie auch nur zu probieren.

„Du erinnerst dich noch an unser erstes gemeinsames Abendessen mit Harald und Tybalt?"

Romeo nickte.

„Harald und ich hatten uns gestritten, kurz bevor ihr gekommen seid. Er wurde richtig aggressiv. Na ja, und plötzlich hatte ich seine Hand aber so was von im Gesicht hängen."

Romeo fiel vor Schreck die Kuchengabel aus den Fingern. „Und du, du hast …", stotterte er.

„Doch, natürlich habe ich versucht, mich zu wehren", unterbrach ihn Holger. „Aber er hat deutlich mehr Übung mit Prügeleien. Immerhin hat er zwei ältere Brüder."

„Nein, ich meine", setzte Romeo erneut an, „du hast nicht sofort mit ihm Schluss gemacht?"

„Aber ich dachte doch, das wäre nur ein Ausrutscher."

Schläge sind in einer Beziehung nie nur „ein Ausrutscher"! Sie sind immer eine Verletzung der Persönlichkeit und selten ein einmaliges Ereignis. Meist ist der erste Schlag bloß der Beginn einer von Gewalt geprägten Beziehung.

Viele Männer haben bereits in ihrer Kindheit gelernt, Konflikte mit Brutalität zu lösen. Sie versuchen damit, Unsicherheiten zu verstecken, Macht zu gewinnen oder Ansprüche durchzusetzen. Oder sie sehen in Gewalt die Fortsetzung eines Streits mit anderen Mitteln.

Zu Gewalt neigende Menschen sind sich meist bewusst, dass Prügeleien kein akzeptabler Weg sind. Nach einem Schlag sind viele peinlich berührt und versprechen, es würde nie wieder vorkommen. Aber auch solche gut gemeinten Absichtserklärungen nutzen wenig. Der einzige Beweis ist das tatsächliche Ausbleiben weiterer Verletzungen, nicht aber weitere Beteuerungen nach jedem neuen Schlag.

Gewalt darf in einer Beziehung nicht verschwiegen werden. Zunächst muss man mit dem Partner darüber reden – wenn das nichts hilft, auch mit guten Freunden oder einem Psychologen. Sonst breitet sich Gewalt schneller aus als Unkraut mit Kunstdünger. Wenn auch professionelle Hilfe das Problem nicht beseitigen kann, bleibt nur der Abbruch der Beziehung – sonst nichts!

Das trifft auch auf alle Formen psychischer Gewalt zu. Beschimpfungen, Erniedrigungen, Lächerlichmachen, Gesprächsverweigerung oder Liebesentzug dürfen in einer Beziehung keine regelmäßige Lösungsstrategie bei Konflikten darstellen.

Übrigens ist auch das Erzwingen von Sex mit körperlichem oder psychischem Druck eine Form der Gewalt und sogar innerhalb einer Beziehung strafbar.

Härtere Gangarten beim Sex sind natürlich keine „gefährliche" Form von Gewalt, wenn beide Partner es wollen und Spaß daran haben. Wichtig ist es, im Voraus einfache Zeichen zu vereinbaren, die anzeigen, wann eine Grenze überschritten wurde. Natürlich müssen diese Abbruch-Signale auch ohne Diskussion befolgt werden.

Abstand

Missverständnisse und Streitereien können jederzeit entstehen. Sie können sich offensichtlich anbahnen oder selbst den aufmerksamen Analysten unvorbereitet treffen. Und manchmal werden sie zu einer ernsten Krise. Wenn die Schwierigkeiten zu groß werden, beschließen einige Paare, sich erst einmal eine Zeitlang aus den Augen zu gehen. Ein legitimes Mittel, um Abstand zu einem Krisenherd zu bekommen. Aus emotionaler Distanz lassen sich Probleme oft leichter lösen.

Manchmal reicht schon eine Nacht allein oder ein Gespräch mit Freunden, um genügend Abstand zu gewinnen und die Krise aus größerer emotionaler Distanz zu betrachten. Dann steht der besseren Form der Krisenbewältigung, der Kommunikation, weniger im Weg.

FAQ

„Anfangs fand ich es sehr hilfreich, wenn wir uns bei Streitigkeiten für ein bis zwei Tage nicht gesehen haben. Inzwischen bauschen wir

aber schon Kleinigkeiten auf und nutzen sie für eine Beziehungspause. Kann sich so etwas einspielen?"

Das hört sich nach einer typischen Bagatellenstreiterei an. Das
heißt, es geht nur noch am Rande um die Sache selbst. In erster
Linie kämpft ihr um persönliche Freiräume. Mit einer Beziehungspause vertagt ihr das Problem lediglich.
   Kleine Freiräume sollten ein permanenter Bestandteil jeder Beziehung sein. Deshalb müsst ihr das eigentliche Problem erkennen,
darüber reden und eine dauerhafte Lösung finden.

Eine Beziehungspause ist ebenfalls die falsche Strategie, wenn es nur um
eine Form der Untreue mit anderen Mitteln geht. Wer sich Seitensprünge
in einer „treuen" Beziehung genehmigt, weil sie kurzfristig nicht besteht,
tut sich und seinem Freund keinen Gefallen damit.
   In einer Beziehung sind Vertrauen und Ehrlichkeit Grundvorausset-
zungen. Das gilt auch für die Auszeit. Wenn ihr entscheidet, euch eine
gewisse Zeit nicht zu sehen, dann müssen die wahren Gründe dafür auf
den Tisch.

Hi, ist dein Freund zu Hause?

ja ... schon ...

Schatz, an der Tür wartet ein Nike-Model auf dich ...

Das ist Kevin ... Ich hab dir von ihm erzählt. Wir trainieren jetzt zusammen.

Du hast aber unterschlagen, wie geil er aussieht.

Na ja, das ist er schon ... aber er ist auch sehr nett und geht zu ähnlichen Zeiten wie ich ins Studio ... Ich will nichts von ihm, versprochen!

Aber, du wirst diesem Typen ständig in die Sporthose hochschauen, unter der Dusche euch gegenseitig einseifen, in der Sauna neben ihm schwitzen, nachher werdet ihr euch abkühlen. Und das viermal die Woche! Und ich soll mir keine Sorgen machen?

Dann beweise ich es dir eben. Hiermit verspreche ich dir, zu Hause zu duschen und es dir vor dem Training und nach dem Training so richtig zu besorgen ...

wirklich ...?

Na? Ich hab gerade deinen Freund zusammen mit einem Typ gesehen ... ich glaube, die trainieren zusammen, oder?

Ja, viermal die Woche!

Eifersucht und Treue

7. Kapitel

Es treten auf:
Tybalt Capulet
Romeo Montague
Die schöne Helga (eigentlich Holger)
Harald
Ein ungewaschener Imbissbuden-Besitzer
Der Käufer einer Currywurst und
Enrico, Küchengehilfe im Anwesen der Montagues

Mit großer Genugtuung und zunehmender Entspannung beobachtete Tybalt den Besitzer einer Imbissbude beim Schärfen seines verklebten Fleischmessers. Zufrieden betrachtete der Mann sein Werk, trennte dann mit geübter Bewegung aus lockerem Handgelenk einem überraschten Kunden das linke Ohr vom Kopf und warf es in die entsetzte Menge.

Hatte der Kunde Ähnlichkeit mit seinem Freund Romeo, oder wollte sich Tybalt das nur einreden? Seit dem großen Streit und der überstürzten Flucht aus dem Anwesen der Montagues war es ihm nicht gelungen, seine Aggressionen abzubauen. Jetzt, das spürte er deutlich, war er auf dem richtigen Weg.

Tybalt konzentrierte sich darauf, Romeos Gesicht in das Geschehen einzublenden. Als „Romeos" zweites Ohr ins Publikum flog und einige Reihen vor ihm zu landen schien, fiel Tybalt diese geistige Überblendung doppelt leicht. Denn im trüben Licht der Vorführung erkannte er seinen Gatten, exakt sieben Reihen vor sich.

Auf den Plätzen rechts daneben saßen Romeos beide Freunde, Harald und die schöne Helga. Links tauchte kurz ein weiterer Kopf auf und verschwand gleich wieder in Romeos Schoß.

Gab es denn keinen Ort, an dem er allein war? An dem er seinen Adrenalinspiegel senken konnte, ohne Romeo und dessen Freunden zu begegnen? *Die lange Nacht des Horrorfilms* in einem Vorort-Kino von Verona hatte er eigentlich für einen sicheren Platz gehalten.

Inzwischen erkannte Tybalt, wen Romeo da im Arm hielt. Es war sein Cousin Julian. Romeo hatte ihn auf dem Fest im Hause Capulet kennen gelernt, auf dem Romeo auch Tybalt zum ersten Mal begegnet war. Es war schon damals offensichtlich, dass die beiden sich mochten. Aber Dank seiner forschen Art war es Tybalt gelungen, Romeo noch am selben Abend in ein sexuelles Abenteuer zu verwickeln und ihn für sich zu gewinnen.

Jetzt war an Entspannung nicht mehr zu denken. Tybalt kochte vor Wut, Enttäuschung und Eifersucht – ausgerechnet Julian Capulet, sein eigener Cousin! Es waren kaum vier Stunden vergangen, seit Tybalt und Romeo sich gestritten hatten. Und schon brannte sein Gatte mit diesem Flittchen durch! Wie konnte er überhaupt so schnell einen Neuen zur Hand haben?

Tybalt versuchte, sich mit Autogenem Training abzulenken. Es half nichts. Er schloss die Augen und probierte es mit Meditation, aber das Geschrei des Currywurst-Kunden auf der Leinwand verhinderte jede Entspannung.

„So ein Scheiß-Film!", raunzte er als Entschuldigung für seinen überstürzten Aufbruch und sprang vom Sitz. Er schnappte sich Enricos Hand und zerrte seinen erstaunten Begleiter hinter sich her und aus dem Kino.

Die Eifersucht

Amor, der kleine Teufel, feuert seine Liebespfeile nicht nur in die Herzen der Ledigen. Und, als wäre das nicht schlimm genug, er hält auch andere Geschosse in seinem Köcher bereit: vergiftete Pfeile beispielsweise. Sie setzen einen Virus in der Blutbahn der Beziehung aus, der zehrende Eifersucht auslösen kann.

Schon der Gedanke, der Freund könnte mit anderen Männern flirten, ist für viele Menschen sehr schmerzhaft. Dahinter steckt meist eine ganze Reihe unangenehmer Gefühle:

- Misstrauen: Wenn andere Männer ins Spiel kommen oder man das auch nur befürchtet, verlieren viele Menschen das Vertrauen in den Partner. Wer kann dann noch mit Sicherheit behaupten, dass der Freund die Wahrheit sagt?

- Enttäuschung: Bisher bist du davon ausgegangen, dass ihr eine gute Beziehung führt. Er hat deine wesentlichen Bedürfnisse befriedigt, und auch du hast dir Mühe gegeben, seinen Wünschen gerecht zu werden. Signalisiert er mit seinem Verlangen nach anderen Männern, dass deine Anstrengungen nicht ausreichen?

• Verletztheit: Der Gedanke, seinen Ansprüchen nicht zu genügen, ist ausgesprochen schmerzhaft. Denn damit einher geht auch die Unsicherheit über die eigenen Makel und Fehler. Sucht er bei anderen Männern nach Charaktereigenschaften, die deine Schwächen ausgleichen sollen?

• Missgunst: Wen die Angst vor der eigenen Minderwertigkeit bewegt, ist selten freigiebig. Ausgerechnet in dieser Situation soll dich die heiße Affäre deines Freundes kalt lassen? Vorausgesetzt natürlich, es gibt tatsächlich einen Grund zur Eifersucht.

• Verlustangst: In der Summe resultieren diese Gefühle nicht selten in der Angst, aus seinem Seitensprung könne sich ein Absprung entwickeln.

In den Wochen nach ihrem zufällig zeitgleichen Kinobesuch durchliefen Romeo und Tybalt genau diese Mischung aus Missgunst, Enttäuschung, Misstrauen und Verletztheit. Sie gaben sich zwar Mühe, wenig Gefühl zu zeigen, hatten aber beide Angst, der andere könnte die Beziehung beenden.

Obwohl Tybalt seinem Freund einen Seitensprung weder gegönnt noch zugestanden hätte, nahm er Enrico noch am selben Abend mit zu sich nach Hause. Er beseitigte mit drei Bieren seine Bedenken und verbrachte eine wilde Nacht mit dem knackigen Küchengehilfen.

Die gemeinsame Zeit war intensiv, aber kurz. Tybalt hatte Enrico erst wenige Minuten vor dem Streit mit Romeo kennen gelernt. Ernsthafte Absichten hatte er ihm gegenüber keine. Deshalb drehten sich seine Gedanken schnell wieder um Romeo, nachdem sein Rausch verflogen war.

Sein Stolz und das Ausmaß seiner Enttäuschung verboten es ihm aber, sich beim jungen Montague zu melden. Er sah er ihn dennoch täglich. Nachts lauerte er vor Romeos Wohnung und tagsüber telefonierte er seine eigene Verwandtschaft ab, um ganz nebenbei etwas über die Termine seines Konkurrenten Julian zu erfahren.

Da sein Vertrauen in Romeo praktisch nicht mehr vorhanden war, gab er sich außerdem größte Mühe, seine Freunde detektivisch einzuspannen. Es gelang ihm sogar, zwei seiner Hetero-Kollegen in eine schwule Bar zu manövrieren. Sie sollten auskundschaften, ob und mit wem sich Romeo dort blicken ließ.

Romeo versuchte, den Streit mit Tybalt auszusitzen. Die Hoffnung, Tybalt würde nach kurzer Zeit wieder mit Bratlingen vor seiner Tür stehen, hatte er inzwischen zwar aufgegeben. Er fand aber, dass es an Tybalt sei, den ersten Schritt zu tun. Schließlich war Tybalt durch sein Verschwinden indirekt verantwortlich für den ruinierten Abend nach ihrem großen Streit. Damals hatte Harald angerufen und gefragt, ob Romeo nicht mit ins Off-Kino wolle: „Ein Transenfilm, sehr bunt, irgendwas mit Beauty-Produkten. Hat mir ein Kunde empfohlen …"

Der Kunde hatte neben deutlichen Hautproblemen auch ein Faible für Splatterfilme. Denn auf der Leinwand ging es nicht hauptsächlich um Mascara, sondern ausschließlich um Massaker. Romeo, Harald und Holger fanden den Film nur albern, bestenfalls geschmacklos. Aber Julian gingen die fliegenden Innereien so an die Nieren, dass er seine Fingernägel vor Angst tief in Romeos nackte Unterarme krallte. Wenn das Gemetzel ganz schlimm wurde, ließ er sich einfach in Romeos Schoß kippen.

Einen sexuellen Aspekt, den Tybalt sieben Reihen weiter hinten zu erkennen glaubte, gab es nicht. Die einzige Körperflüssigkeit, die floss, waren Julians Tränen.

Nach dem Kino landeten Romeo und Julian nicht gemeinsam im Bett. Seiner Enttäuschung über Tybalts Verhalten machte Romeo auf Umwegen dennoch trotzig Luft: Er verbrachte einige Stunden eng umschlungen mit Julian in einer bekannten Szene-Disco.

Eifersucht für Anfänger

Eifersucht war für Romeo und Tybalt auch vor ihrem großen Streit oft ein Thema gewesen. Wenn Romeo sich auch anstrengte, es Tybalt nicht zu zeigen, gab es dennoch manchen Abend, an dem es ihm schwer fiel, locker zu bleiben. Tybalt behauptete zwar, seine Kumpels seien keine Gefahr für die Beziehung, aber ganz sicher war Romeo sich nie. Schließlich gab es da Lars: 195, 78, 27 – Körpergröße, Gewicht, IQ. Kein Gramm Fett, penibel getrimmte Haare vom Scheitel bis zu den Waden und hetero – zumindest behauptete er das bis zum dritten Gin-Tonic. Danach wurde er zunehmend zärtlich und sein Abstand zu Tybalt immer geringer.

Aber Romeo gelang es stets, sich unter Kontrolle zu halten. „Nicht Lars ist das Problem – ich bin es", versuchte er sich einzureden. „Zwischen den beiden passiert nix." Romeos Eifersucht war immer eine sehr überlegte, durchdachte und von Plänen bestimmte Angelegenheit.

Viele Menschen können ihre Emotionen verbergen. Das heißt aber nicht, dass sie nicht trotzdem unter ihrer Eifersucht leiden. Deshalb können sich auch äußerlich leichte Formen der Eifersucht zu einem Beziehungsproblem entwickeln. Man sollte es sich deswegen nicht schwerer machen, als es ohnehin schon ist, und das Thema ansprechen.

Eifersucht für Fortgeschrittene

Tybalt hatte seine Emotionen nicht so gut im Griff wie Romeo. Er zog es vor, Räume mit Porzellan zu meiden, wenn sein Freund sich mit „der alten Schwuchtel", wie Tybalt ihn nannte, traf. Denn Harald hatte trotz seiner tuntigen Attitüde einen ausgesprochen männlichen Körper und ein hübsches Gesicht. Insgeheim befürchtete Tybalt, Harald könnte besser aussehen als er selbst.

Besonders schlimm war es, wenn Romeo mit einem so genannten „Wir-sind-nur-gute-alte-Bekannte"-Freund allein durch die Szene ziehen wollte. Dann überfiel Tybalt ein unbändiges Verlangen nach brutalem Sport oder Gewaltvideos.

In Situationen wie diesen flüchtete er meist zu Lars und mindestens drei alkoholischen Getränken. Danach verbrachten die beiden den Abend Arm in Arm auf der Couch einer Hetero-Bar.

Wer sich und seine Eifersucht aufmerksam beobachtet, wird feststellen, dass ihr Ausmaß von ihrem Auslöser abhängt. Vielleicht ist dir auch schon aufgefallen, dass du weniger eifersüchtig bist, wenn sich dein Freund mit jemandem trifft, den du nicht attraktiv findest. Wahrscheinlich lässt es dich sogar völlig kalt, wenn er ein Date mit jemandem hat, den er nicht begehrt. Vorausgesetzt, du glaubst ihm das.

Folgerichtig leiden eifersüchtige Menschen umso mehr, je besser die Verabredung ihres Freundes aussieht und je netter und intelligenter sie ist. Geradezu unerträglich kann es werden, wenn man die potenziellen

Verehrer des Freundes nicht kennt, man also nicht abschätzen kann, wie sie sind oder aussehen.

Du machst dich ja lächerlich

Nach fünf Tagen hielt Tybalt es nicht länger aus. Er lauerte vor dem Haus der Montagues, bis er Licht in Romeos Wohnung sah. Dann schnappte er sich seinen Zweitschlüssel, betrat die Wohnung und spielte den Überraschten, als er Romeo begegnete. „Will nur meine restlichen Sachen abholen", sagte er. „Die müssen dir und Julian jetzt ja nicht mehr im Weg rumliegen."

„Mir und wem?", fragte Romeo verblüfft. Schließlich war Julian nie weiter als bis zur Eingangstür gekommen.

„Du brauchst dir gar keine Mühe zu geben; ich habe euch gesehen." Tybalt legte einen Stapel Socken betont gelassen in seine Tasche. „Und die halbe Szene redet schon über euch."

„Du machst dich ja lächerlich", konterte Romeo und hatte damit leider Recht: Der Eifersüchtige macht sich immer lächerlich. Er fühlt sich grottenschlecht, kennt nur selten Details, die eine Verurteilung rechtfertigen würden, und weiß, dass er besser still wäre. Trotzdem kann er die Vorwürfe nicht bei sich behalten.

Ihm ist natürlich klar, dass er gezielt fragen könnte, aber was würde das schon bringen? Wer wirklich eifersüchtig ist, schenkt der Antwort „Aber da war überhaupt nichts!" keinen Glauben – und fürchtet gleichzeitig ein klares „Ja". Wirklich sicher können Eifersüchtige sich nur dann sein, wenn ihre Angst bestätigt wird.

„Und wo, bitte schön, willst du uns gesehen haben?", setzte Romeo, inzwischen merklich gereizt, hinterher. „Soll das heißen: Du spionierst mir nach?"

Du spionierst mir nach?

Ist es das, was du unter Vertrauen in einer Beziehung verstehst?"

Stopp!

Der aufmerksame Leser des Kapitels über Streit- und Gesprächskultur (s.S. 57) hat es wahrscheinlich bereits bemerkt: Hier haben wir es mit einem Vorwurf in Verkleidung zu tun. Bei der Frage handelt es sich um nichts anderes als die Unterstellung, der Partner würde spionieren.

Da Tybalt gerade keine Tür zum Hinter-sich-Zuknallen zur Hand hat, würde er wahrscheinlich antworten: „Dafür muss ich nicht mal spionieren. Aber zum Glück kann ja jeder machen, was er will." Und schon wäre das Gespräch beendet.

Da Romeo aber im fünften Kapitel aufgepasst hat, wählt er eine Ich-Botschaft: „Ich hatte mich mit dir gestritten, und es ging mir danach schlecht." (Wir können stolz auf Romeo sein! Denn im zweiten Teil des Satzes signalisiert er schon, dass ihm der Streit mit Tybalt nahe ging.) „Um mich abzulenken, bin ich mit Harald, Holger und Julian danach ins Kino und in die Disco gegangen. Passiert ist da überhaupt nichts. Wenn du aber sagst, dass du mich gesehen hast, fühle ich mich ausspioniert." (Das mag zwar gestelzt klingen, ist aber inhaltlich gut formuliert; so würgt man ein Gespräch nicht ab) „Und das empfinde ich als Vertrauensbruch."

Na, da hat er seinem Freund doch schon eine Menge Wind aus den Segeln genommen. Jetzt kann Tybalt erzählen, dass er die beiden im Kino gesehen und den Eindruck hatte, Julian wäre Romeo sehr deutlich nahe gekommen.

„Du machst dich ja lächerlich", könnte Romeo antworten (denn die Vorstellung, bei *Der Fleischer, Teil III* einen geblasen zu bekommen, ist in der Tat lächerlich). Tut er aber nicht, denn er will das Missverständnis ja klären. Außerdem hat Tybalt an diesem Abend seine unwiderstehlich kurzen Hosen an und Romeo Versöhnungssex als mittelfristiges Ziel vor Augen. Er ist glücklich, dass sein Freund doch noch zu ihm gekommen ist, und etwas beschämt, dass nicht er den ersten Schritt getan hat.

Also schmunzelte Romeo und erzählte seinem Freund, dass er nach dem Kino tatsächlich eine feuchte Hose hatte, dass die Flüssigkeit aber Julians Tränen waren. Glücklich über den Verlauf der Dinge verzichtete Tybalt darauf, das Feld und Romeos Wohnung zu räumen. Und da sein Freund in den kommenden Tagen nicht unbedacht den Liedtext von Klaus Lage, „tausendmal berührt, tausendmal ist nichts passiert ...", vor sich hin summte, war Tybalt vorerst beruhigt.

Unberechtigte Eifersucht

Besonders heimtückisch ist es, wenn Amor seinen Giftpfeil ohne Grund zur Eifersucht verschossen hat. Denn dann gibt es kein Missverständnis zu klären, keine schiefe Geschichte gerade zu rücken. Leider gibt es zahlreiche Menschen, die geradezu krankhaft eifersüchtig sind. Sie erwarten, dass in jeder Minute, in der sie ihren Freund nicht überwachen, ein Seitensprung in die Wege geleitet wird. Weil sie ihrem Partner damit aber einen dauerhaften Vertrauensbruch unterstellen, gefährden sie die Beziehung in gleichem Maße wie ein unerlaubter Seitensprung.

Grundlos ist Eifersucht nie: Mal liegen die Ursachen im Verhalten des Freundes, der damit Anlass zur Eifersucht gibt; mal liegen sie in der Persönlichkeit des Eifersüchtigen. Tybalt wäre nie auf Holger eifersüchtig, weil er ihn für unattraktiv hält. Auch Romeo hat ihm bereits mehrfach versichert, dass er aus diesem Grund mit Holger nie etwas anfangen würde. Tybalt ist also davon überzeugt, attraktiver als Holger zu sein. Bei Harald sieht das allerdings ganz anders aus. Tybalt fürchtet, Romeo könnte Harald ihm vorziehen, und leidet deshalb jedes Mal, wenn die beiden sich treffen.

FAQ

„Ich bin ausgesprochen eifersüchtig. Das ist bestimmt nicht meine beste Charaktereigenschaft, aber mein Freund wusste darüber Bescheid, als wir die Beziehung vor sechs Monaten begannen. Wir hatten damals beschlossen, dass er auf Kontakte verzichtet, die mich besonders quälen. Neuerdings will er jedoch wieder Freunde treffen, von denen ich weiß, dass er sie attraktiv findet. Muss ich das zulassen?"

Ja, das musst du. Zuerst einmal nehme ich an, dass ihr nicht wirklich einvernehmlich beschlossen habt, dass er seine Kontakte einschränkt. Ich vermute, dafür war eine gehörige Portion Druck von deiner Seite nötig. Du hättest schon damals nicht verlangen sollen, dass er deinem Wunsch nachgibt.

Trotzdem hat er sich allem Anschein nach lange zurückgehalten und seine Freunde damit vor den Kopf gestoßen. Er hat dir Zeit gegeben, Vertrauen in eure Partnerschaft aufzubauen. Diese Chance hättest du nutzen sollen! Wenn er sich jetzt wieder mit seinen Freunden treffen will, muss das noch lange nicht heißen, dass er dich betrügen will. Wenn es ihm nur um Sex ginge, könnte er sicher auch heimlich etwas arrangieren.

Darin besteht übrigens auch die Gefahr, wenn du dich seinem Wunsch nach mehr Kontakt zu seinen Freunden verweigerst. Wenn seine Unzufriedenheit wächst, könnte er sich sogar entscheiden, die Beziehung zu beenden.

Wege aus der Eifersucht

Große Eifersucht geht oft mit mangelndem Selbstwertgefühl einher. Deshalb ist es immer hilfreich, seinem Freund glaubwürdig zu vermitteln, dass er „*the one and only*" ist. Man gießt Öl in das Feuer der Eifersucht, wenn man ständig Merkmale oder Eigenschaften anderer preist, die der eigene Freund nicht bieten kann oder will. Denn damit hinterlässt man das Gefühl, sie wären relevant, eventuell sogar so wichtig, dass man die Beziehung deswegen aufgeben würde.

Hier wird noch einmal deutlich, wie wichtig es ist, das Prinzip der Gleichverteilung (aus dem vierten Kapitel) zu beachten oder zu wissen, dass man dagegen verstößt. Hält sich ein Partner für deutlich unattraktiver, tollpatschiger oder dümmer, muss er ständig erleben, dass sich sein Freund mit schöneren, geschickteren oder intelligenteren Kerlen abgibt.

In diesem Fall ist es am „überlegenen" Partner, das Vertrauen in die Beziehung zu stärken. Der „Unterlegene" muss davon überzeugt werden, dass sein Freund gerade sein Aussehen oder seine Intelligenz schätzt – oder andere Dinge, die ihm wichtiger sind.

FAQ

„Mein Freund war nie eifersüchtig. Wenn einer von uns in der Disco geflirtet oder jemanden kennen gelernt hat, war das kein Problem. Wieso gönnt er mir neuerdings keine Erfolge, wenn es um andere Männer geht?"

Wenn sich die Umstände ändern, kann das einen Einfluss auf die Selbsteinschätzung deines Freundes haben. Du hast vielleicht in letzter Zeit viel Sport gemacht und siehst einfach klasse aus. Er hingegen hatte Stress, ist blass und die viele Frust-Schokolade sieht man seinem Bauch an. Folglich hat er womöglich weit weniger Aufmerksamkeit geerntet. Das zehrt am Selbstwertgefühl und leistet sowohl Eifersucht als auch Missgunst Vorschub.

Aus diesem Loch wirst du ihm jedoch leicht helfen können: Schenke ihm ein paar Gutscheine fürs Solarium, nimm ihn mit in die Thermen oder frag ihn, ob du ihm irgendwie behilflich sein kannst. Wenn er sich dann wieder besser und attraktiver fühlt, wird auch seine Eifersucht verschwinden.

Treue

„Ich würde meinen Romeo nie betrügen", hatte Tybalt am Abend nach dem großen Streit und dem missglückten Kinobesuch zu Enrico gesagt. Enrico war es nicht leicht gefallen, seine Enttäuschung zu verbergen, aber er pflichtete Tybalt mit möglichst seriösem Gesichtsausdruck bei: Vertrauen und Treue seien Grundpfeiler einer Beziehung.

„Noch 'n Bier?", fragte Tybalt und machte sich auf den Weg zum Kühlschrank, ohne eine Antwort abzuwarten. „Aber als ich dich heute in der Küche gesehen habe, mit dieser geilen, knappen Schürze, da wäre ich beinahe schwach geworden."

Enrico schluckte. Die beiden hatten sich nun seit fast zehn Minuten über Treue und Moral unterhalten, hatten ihre Standfestigkeit und Integrität betont und sich dabei mehr in den Schritt als in die Augen gesehen. Später versicherten beide, es sei nur ihre absolute, moralische

Grundhaltung, die sie Zurückhaltung üben ließ. Und dann praktizierten sie die Ausnahme von der Regel.

Unter dem Vorwand, Enrico Urlaubsbilder zeigen zu wollen, räumte Tybalt seinen Sessel und nahm mit dem Album auf dem Schoß neben Enrico Platz. Als Tybalt das Buch kurz darauf wieder zur Seite legte, erinnerte sich Enrico nur an die wenigen Bilder, die Tybalt in Badehose zeigten, denn dem Album hatte nur der kleinste Teil seiner Aufmerksamkeit gegolten. Dafür kannte er die Anzahl der Knöpfe von Tybalts Hose auswendig und sah, wenn er die Augen schloss, noch immer ein Nachbild seiner Jeans.

Es war nur noch ein kleiner Schritt vom Lob über Tybalts Waschbrett bis zum Anfassen. Und bei den folgenden, praktischen Ausführungen zum Thema Treue verzichteten die beiden komplett auf verbale Kommunikation.

Die wandelbare Definition der Treue

Es ist bemerkenswert, wie unterschiedlich Menschen den Begriff der Treue auslegen. Noch vor kurzem hielt Tybalt Treue für absolut. Nicht nur Sex, auch ein Kuss, eine zärtliche Umarmung und jeder Flirt widersprachen seinem Verständnis von einer treuen Beziehung. Schon sein heimlicher Wunsch danach reichte für ein schlechtes Gewissen. Ein wenig untreu funktioniere nicht, fand er.

Nach seinem Streit mit Romeo und besonders während des Kinobesuchs mit Enrico modifizierte er seine Einstellung ein wenig. Er beschloss, künftig alles in Ordnung zu finden, was ohne direkten Schleimhautkontakt passiert. Schließlich sei nur die Tat verwerflich, nicht der Gedanke.

Als er am nächsten Morgen neben Enrico auf einem verklebten Laken erwachte, lernte er einen weiteren Aspekt seiner persönlichen Definition von Treue kennen: Treu könne er Romeo auch dann sein, wenn er in bescheidener Anzahl einem rein körperlichen Bedürfnis nachginge. Er fand, man erobere sich mit außerehelichem Sex ohne Liebe ein Stück Freiheit zurück. Und das, obwohl er sich von der Beziehung eigentlich nicht befreien wollte.

Vielen Menschen geht es bei einem Seitensprung jedoch nicht in erster Linie um den Sex. Bei ihnen steht die Bestätigung des Selbstwertgefühls, das Verlangen danach, begehrt zu werden, oder das Kribbeln im Bauch bei jedem neuen „Beutezug" im Vordergrund. Oder sie suchen immer wieder das Gefühl, frisch verliebt zu sein.

Da sie ihre Beziehung damit nicht in Frage stellen, halten auch sie sich für treu. Romeo fällt in diese Kategorie. Mit seinen romantischen Gefühlen anderen Kerlen gegenüber hat er seine Beziehung mit Tybalt bisher nie ernsthaft gefährdet. Besonders fair verhält er sich dennoch nicht. Denn bei seinen Affären hat er vielleicht Hoffnungen geweckt, die er nicht erfüllen wollte.

FAQ

„Wenn mein Freund sein Bedürfnis nach frischer Romantik mit anderen Männern ausgelebt hat, beteuert er stets, das habe absolut nichts mit mir zu tun. Wieso kann ich ihm nicht glauben?"

Weil er auf der Suche nach Emotionen ist, die er am Anfang eurer Beziehung mit dir geteilt hat. Da es diese Gefühle in eurer Partnerschaft nicht mehr in ausreichendem Maß gibt, hat sein Bedürfnis natürlich auch etwas mit dir zu tun.

Wichtiger als die Frage, ob das etwas mit dir zu tun hat, ist aber, ob es eure Beziehung gefährdet. Ist sein Bedürfnis nach frischer Romantik größer als seine Liebe zu dir? Wenn du das befürchtest, müsst ihr die Frage gemeinsam klären.

Der Wunsch nach Treue geht oft mit einer Art Besitzanspruch einher. „Mein Freund" soll auch „mein Besitz" sein, er soll mir „gehören". Nun haben es schwule Männer besonders leicht, schnellen Sex im Park, in der Sauna oder im Darkroom zu finden – eine große Gefahr für das „Eigentum Freund", von dem andere Männer gefälligst die Finger lassen sollen.

Auf der anderen Seite verringert sich die Gefährdung einer Beziehung bei anonymem Sex, der losgelöst von Liebe oder sogar verbaler Kommunikation stattfindet. Schließlich ist die Wahrscheinlichkeit gering, dass der Freund den flüchtigen Sexualpartner je wiedersieht.

Benni hat sich deshalb eine gelassenere Einstellung zum Thema Treue angeeignet als Romeo und Tybalt. Er meint, Treue funktioniere nur dann, wenn man sowieso keine Lust auf Untreue hat. Ab und zu gönnt sich Veronas kleine Sahneschnitte eine Auszeit von seiner Beziehung. Dann tobt er sich mal wieder richtig aus, bevor er sich mit frischer Kraft der Treue widmet. Benni hält sich solange für treu, wie keine Gefahr besteht, mit einer Affäre durchzubrennen oder sich zu verlieben.

Bennis Freund Robert verkündet seine eigene Auffassung: „Treue ist albern! Letztlich siegen die Hormone." Will man der Wissenschaft Glauben schenken, so liegt er damit gar nicht so falsch. Evolutionspsychologen sehen in der Untreue kein schlechtes Zeichen für eine Partnerschaft: Männer könnten auch dann das Bedürfnis nach außerehelichem Sex haben, wenn sie mit der Beziehung glücklich sind.

Robert und seine kleine Sahneschnitte Benni haben das Glück, mit einer ähnlichen Auffassung von Treue in die Beziehung gegangen zu sein. Wer allerdings an einen Vertreter dieser Auffassung gerät, ohne sie zu teilen, kann sich auf einen hohen Verschleiß zerbrechlicher Haushaltsgeräte einstellen.

Bemerkenswert sind auch die verschiedenen Interpretationen von Treue, die eine einzelne Person zeitgleich in sich vereinigen kann: Viele Menschen bevorzugen eine absolute Definition des Begriffs; die gilt dann allerdings nur für ihren Partner. Für sie selbst hat diese strenge Auslegung eine weniger handlungsweisende Komponente. Schließlich betrügen sie im Falle eines Falles nicht ihren Freund oder die Grundidee der Beziehung; sie gehen lediglich fremd, mehr nicht.

Oder anders ausgedrückt: Sie wechseln kurzzeitig ihr Verständnis von Treue. Da sie nach dem Treuebruch wieder zu ihrer eigentlichen Einstellung zurückkehren, hat der „kleine Fehltritt" keine langfristige Bedeutung. Leider irren sie: Zum Konflikt kommt es spätestens dann, wenn der Partner den flexiblen Treuebegriff auch für sich entdeckt.

Die Moral der Treue

Man mag das gutheißen oder bedauern: Wir leben in einer Zeit, die dem Einzelnen nur wenig Hilfestellung bei der Definition seines bevorzugten Treuebegriffs leistet. Die Generation, die noch vor kurzem den Partnertausch als die größte Errungenschaft seit der Erfindung des Wasserbetts pries, zelebriert heute in der Regel traute Zweisamkeit. Gleichzeitig sehen die meisten in konservativen Werten, als Begründung für den Wunsch nach absoluter Treue, ein Armutszeugnis.

Treue Menschen argumentieren gern, dass zu einer Beziehung auch Verzicht gehört; schließlich bekomme man einiges geboten, wie Sicherheit und Geborgenheit. Für einen Freund würden sie zum Beispiel jederzeit auf Ingwer verzichten oder darauf, ungestört ihre Lieblingsplatten zu hören. Genauso halten sie es mit außerehelichem Sex.

Eine Einstellung, die leicht zu Konflikten mit offiziell untreuen Personen führen kann. Die können behaupten, in einer Beziehung habe man die Pflicht, die Vorlieben und Wünsche des Freundes zu ermöglichen. Das gelte für Ingwer und Lieblingsplatten in gleichem Maß wie für den Wunsch nach einem Seitensprung.

Der Streit endet meist damit, dass sich beide Parteien auf ihre Standpunkte zurückziehen. Die einen beteuern, Treue sei eine angeborene Eigenschaft des Menschen. Die anderen behaupten, sie sei durch religiöse Vorschriften und wirtschaftliche Zwänge etabliert worden. Das einzige Argument für oder gegen eine treue Beziehung sollte deshalb euer persönlicher Wunsch sein.

Treue im Wandel

Wie wir an Tybalt gesehen haben, kann sich die Einstellung zur Treue im Lauf der Zeit ändern. Das hat nichts mit Inkonsequenz oder mangelnder moralischer Standfestigkeit zu tun und darf sich nach Absprache auch auf die Beziehung auswirken. Denn, wir erinnern uns, Beziehungen sind kein Zustand, sondern ein Prozess. Und da eine Beziehung immer im Fluss ist, gibt es auch bei der Treue keine Garantie auf gleichbleibende Verhältnisse.

Vielleicht warst du bereits in längeren Beziehungen und kennst das Phänomen: Mit deinem Freund läuft alles bestens, auch im Bett. Trotzdem gibt es immer wieder andere Männer, die dich interessieren. Anfangs war es eine rein hypothetische Versuchung, weil du sexuell in deiner Beziehung vollkommen ausgelastet und zufrieden warst. Später wurde der Sex mit deinem Freund etwas seltener und deine Empfänglichkeit für neue Reize größer.

Wenn du Glück hast, hat bei deinem Freund zeitgleich ein ähnlicher Prozess eingesetzt. Das macht es leichter, mit ihm über deine Gedanken zu sprechen. Vielleicht hat er Verständnis, vielleicht lehnt er deine Wünsche kategorisch ab. Dann solltest du das nicht als eine Beschneidung deiner Freiheit sehen und trotzig reagieren. Denn in diesem Fall wäre er

derjenige, der mit den größeren Problemen zu kämpfen hat. Wahrscheinlich sägt dein Vorstoß an seinem Selbstwertgefühl. Die Angst kocht hoch,
er könne dir womöglich nicht mehr genügen.

FAQ

„Mein Freund möchte Sex mit anderen Männern. Ist das nicht ein
Zeichen dafür, dass ihm in unserer Beziehung etwas fehlt?"

Meinst du, es ist das einzige, was ihm in eurer Beziehung fehlt?
Kann er mit dir alles unternehmen, was er möchte? Kannst du ihm
bei jedem Thema mit Rat zur Seite stehen? Oder macht er Sport mit
Freunden und diskutiert über Politik lieber mit seinen Arbeitskollegen? Wäre dem nicht so, würdet ihr gegen das Abgrenzungsprinzip
(aus dem sechsten Kapitel) verstoßen. Eure Partnerschaft wäre zwar
nach außen klar definiert, eure Persönlichkeiten wären aber kaum
noch unterscheidbar.

Hinter deiner Frage steckt die Annahme, Geschlechtsverkehr
habe eine besondere Qualität. Hat er das wirklich? Oder ist es
nur eine Auffassung, die du übernommen hast, ohne sie zu hinterfragen? Die Antwort auf diese Frage kann dir letztlich niemand
abnehmen.

Über Treue reden

Ihr solltet auf jeden Fall über das Thema Treue reden. Denn wenn du
dem Verlangen nach Untreue einfach Taten folgen lässt, ist das ein Vertrauensbruch. Wo der beginnt, ob erst beim Sex oder schon bei einer
innigen Umarmung, hängt von der Sichtweise deines Freundes ab. Auch
das muss angesprochen werden. Das Thema sollte auf den Tisch, wenn
es dem ersten von euch unter den Nägeln brennt.

Aber es gibt nicht nur ein „zu spät" (wenn der erste bereits fremdgegangen ist). Man kann seinen Freund auch verletzen, indem man zu früh
über seinen Wunsch nach einer offenen Beziehung redet: Wenn man ihm
damit zum Beispiel signalisiert, sexuell würde er einem nicht einmal in
den ersten Tagen und Wochen genügen.

Tipp: Unverfänglich ist es, erst einmal über deine Erfahrungen mit Treue aus vorangegangenen Beziehungen oder Beispiele aus deinem Freundeskreis zu sprechen. Damit kannst du vorsichtige Signale setzen und viel über die Einstellung deines Freundes erfahren – und das, ohne ihm gleich die Pistole auf die Brust zu setzen.

Geheimnisse

Manchmal kann es sinnvoll sein, dem Partner etwas zu verheimlichen. Zum Beispiel dann, wenn man ihn mit den eigenen Problemen nicht überfordern oder verletzen will. Meist werden Geheimnisse aber deswegen gehütet, weil man sich schämt oder schuldig fühlt. Man fürchtet Vorwürfe. Ein Seitensprung ist ein heikles Geheimnis:

- Er unterliegt den Gesetzen schwuler Informationsverbreitung. Dein Freund erfährt es also meist früher oder später.
- Ein Seitensprung kann die Beziehung infrage stellen.
- In einer treuen Beziehung wird er womöglich Schuldgefühle auslösen, die die Beziehung ihrerseits belasten.

Wenn du glaubst, dass die drei oben genannten Punkte ganz oder teilweise zutreffen, empfiehlt es sich, gleich in den sauren Apfel zu beißen und den Seitensprung zu beichten. Ein Gespräch über den Treuebruch kann die Beziehung aber auch abrupt beenden. Deshalb ist es mit Sicherheit besser, die eigenen Wünsche zu artikulieren, bevor man sich gehen lässt.

FAQ

„Ich soll ihm sagen, dass ich demnächst mal auswärts poppen will? Kannst du dir vorstellen, was dann bei uns los ist?"

Ich kann mir vorstellen, was bei euch los ist, wenn er von deinem Seitensprung aus dritter Hand erfährt. Du wirst ihn für deine Wünsche leichter erwärmen können, wenn sein „Horrorszenario" noch nicht eingetreten ist.

Wir sind quitt

Kennen betrogene Herzen eine Patt-Situation? Leider nein. In einer Beziehung kann man eine Verletzung nicht mit einer anderen aufwiegen. Sollten eure Abmachungen Treue einschließen, so ist jeder Seitensprung ein Verstoß. Es nützt also nichts, aus Trotz nachzuziehen und ebenfalls fremdzugehen. Eine Lüge macht eine andere nicht wett; sie lässt einen angesägten Ast eher knicken.

Wenn ihr euch auf eine Beziehung geeinigt habt, die Seitensprünge zulässt, sieht das anders aus. Dann kommt es nicht darauf an, Gleiches mit Gleichem zu vergelten. Es kann darum gehen, einen Zustand mangelnden Gleichgewichts zu beseitigen. Der Partner, der noch keinen oder weniger Erfolg beim Seitensprung hat, könnte an seinem Selbstwert zweifeln.

Eine erfolgreiche Affäre kann seinen „Marktwert" bestätigen. Die beiden sind quitt. Besser ist es allerdings, wenn der Partner die Bedenken seines Freundes beseitigt und ihm die Sicherheit über seinen ebenbürtigen Marktwert vermittelt.

Tipp: In einer offenen Beziehung sollte aus dem Gefühl, man könne eine Affäre des Freundes mit einem eigenen Seitensprung aufwiegen, allerdings kein Wettlauf werden. Denn aus einem Wettkampf kann leicht eine Konkurrenz resultieren, die sich verselbstständigt. Im Zweifelsfall sollte man deshalb kritisch hinterfragen, ob es einem wirklich um den Sex geht oder nur um einen vermeintlichen Gleichstand.

Der Weg in die offene Beziehung

Wenn man den Wunsch nach anderen Männern als eine Erweiterung des sexuellen Repertoires betrachtet, ergibt sich eine ähnliche Situation wie im dritten Kapitel: Einer der beiden Partner wünscht sich eine neue Praktik – oder Sex mit anderen Männern –, und der andere verweigert die Zustimmung. Folgerichtig bleiben die gleichen Handlungsalternativen wie dort beschrieben (Verzicht, Geduld, Drängelei oder ein Ultimatum – Risiken und Nebenwirkungen sind auf Seite 31, „Der Frust mit der Lust", nachzulesen).

Aber auch wenn ihr einvernehmlich beschlossen habt, eure Beziehung für andere Männer zu öffnen, heißt das nicht, dass der Prozess problemlos über die Bühne geht. Besonders in der ersten Zeit kann jeder Seitensprung als Bedrohung empfunden werden. Dann liegt es an beiden Partnern, dem jeweils anderen glaubhaft zu machen, dass er immer noch die Nummer eins ist.

Benni und Robert haben gute Erinnerungen an den Wechsel in die untreue Phase. Sie erzählen immer gern über die Zeit, in der sie begannen, eine offene Beziehung zu führen: „Mein erstes Fremdgehen kam mir vor, als wäre es mein erstes Mal überhaupt", berichtet Robert. „Ich war nervös, weil es mir so verboten vorkam. Da ich meinen One-Night-Stand nicht mit zu uns nach Hause nehmen wollte, haben wir im Park gerammelt – wie die Hasen. Ich fand das so stillos und doch so aufregend."

Benni, die kleine Sahneschnitte, nickt zustimmend: „Es war für uns beide anfangs nicht ganz leicht zu sehen, dass der andere Spaß außerhalb der Beziehung hatte. Aber dann ist uns aufgefallen, dass wir auch zusammen seit geraumer Zeit nicht mehr so guten Sex hatten. Ich glaube, jeder hat auch neue Ideen ins Schlafzimmer gebracht. Außerdem haben wir uns mit Liebesbeweisen überschüttet. Denn irgendwie war da doch so etwas wie ein schlechtes Gewissen."

Tipp: Wenn ihr beschließt, eine offene Beziehung zu führen, kann die Vereinbarung eines verzögerten Berichts den Übergang erleichtern. Einigt euch darauf, euch Seitensprünge erst nach einer gewissen Zeit von zum Beispiel zwei Wochen zu erzählen. Damit gebt ihr euch die Chance, Emotionen vor einem Gespräch herunterkochen zu lassen.

Du hast deinen One-Night-Stand in den vergangenen vierzehn Tagen nicht wieder getroffen? Dann wird es deinem Freund leichter fallen zu glauben, dass es nur um Sex ging und keine Liebe im Spiel war.

Die dunklen Seiten der Vergangenheit

Es war Romeo und Tybalt nicht leicht gefallen, über ihren Streit hinwegzukommen. Sie hatten sich gegenseitig verletzt, und die Tage, in denen sie sich nicht gesehen hatten, steigerten ihre Verlustängste. Aber die gemeinsame und offene Bewältigung ihrer Krise vergrößerte ihr Vertrauen ineinander und letzten Endes sogar den Respekt voreinander.

Romeo bemühte sich redlich, Tybalt Freiräume mit seinen Freunden und Kollegen zu gönnen und zu ermöglichen. Und dennoch gab es einen Menschen aus Tybalts Vergangenheit, den Romeo abgrundtief verabscheute und dem er nichts Besseres als einen Herpes an den Hals wünschte. Nämlich Rolf. Rolf war Leistungsschwimmer, so eine Art Berufssportler. Das Abitur und inzwischen auch sein Grundstudium hatte er mit Auszeichnung bestanden.

„Rolf ist so hochnäsig, als hätte er Mist unter der Nase kleben. Er weiß alles besser, nutzt andere Menschen hemmungslos aus und ist fähig und willens, jede Beziehung gnadenlos zu zerstören", klagte Romeo der schönen Helga.

Dabei wusste er praktisch nichts über Rolf; die beiden waren sich nämlich nie begegnet. Konnten sie auch nicht, denn sie waren an entgegengesetzten Enden der Stadt aufgewachsen. Und Rolf war nach dem Abi fortgezogen. Jedoch nicht, ohne vorher eine zweijährige Beziehung mit Tybalt zu führen.

Dafür hasste ihn Romeo!

In Tybalts Badezimmer hing immer noch ein Foto von Rolf. Es war eher ein Poster, das sein makelloses Waschbrett und seinen perfekten Körper in Badehose und Siegerpose auf einem dieser lächerlichen Treppchen zeigte.

Dafür hasste Romeo ihn umso mehr!

In Tybalts Handy hatte Romeo gleich drei verschiedene Telefonnummern von Rolf gefunden. Die beiden schienen sich ja noch viel zu sagen zu haben.

Das machte Romeo wahnsinnig!

Und wenn Tybalt Urlaubsdias zeigte, war da nur Rolf: Rolf in kurzer Hose (vor der Akropolis), Rolf mit freiem Oberkörper (am Plattensee), Rolf beim Baden, Rolf beim Umziehen, Rolf, Rolf, Rolf.

Doch der Hammer sollte erst noch kommen: Rolf – persönlich – wollte zum Klassentreffen nach Verona. Tybalt hatte sich extra dafür zwei Tage Urlaub genommen.

„Wir müssen unbedingt mal was zu dritt unternehmen", flötete er unschuldig, und Romeo kochte binnen Sekunden das Blut in den Adern. So wollte Tybalt also seine Ausschweifungen mit dem Ex gesellschaftlich legitimieren.

„Eine wunderbare Idee, Liebes", zwitscherte Romeo zurück. Wenn Tybalt glaubte, er könne mit diesem Vortäuschen süßer Unschuld einen weiteren Abend zu zweit herausschlagen, hatte er sich getäuscht. „Wir könnten doch gemeinsam ins Schwimmbad gehen." Das saß. Romeo wusste natürlich, wie ungern Tybalt seine behaarten Beine zeigte. Aber Tybalt ließ sich nicht auf die Provokation ein: „Ich dachte eher an ein Abendessen. Natürlich nur, wenn du Lust hast."

Die kommenden Tage waren für Romeo ein Gang über frische Klingen. Er machte Alibiverabredungen, um den Termin mit Rolf zu umgehen, und sagte sie wieder ab. Er war hin und her gerissen. Mit Tybalts Ex-Wunderknaben würde er unmöglich Schritt halten können. Musste er sich das antun? Auf der anderen Seite zerrte aber die Neugier an seinen blanken Nerven.

Letztlich siegte sein Interesse. Eine eher strategische Entscheidung: Romeo fand es besser, den Gegner zu kennen, als dauerhaft sein ungewisses Feindbild zu kultivieren.

Was die meisten Ex-Männer unserer Freunde so bedrohlich macht, ist ein gefährlicher Cocktail mit einer explosiven Hauptzutat: Wir kennen den Ex meist nicht. Wir kennen bestenfalls Bilder von ihm, auf denen er unglaublich gut aussieht. Ex-Freunde sind vorzugsweise jung, braun gebrannt, sportlich – die personifizierte Bedrohung einer Beziehung.

Das liegt zum einen daran, dass Fotos meist im Urlaub entstehen, wenn man nach einer Woche Sonne, genügend Schlaf und viel Bewegung besonders vorteilhaft wirkt. Außerdem sind diese Bilder in der Regel auch schon einige Jahre alt. Kein Wunder, dass der Ex so jung aussieht – das war er damals noch.

Wenn Tybalt von Rolf erzählte („schwärmte", wie Romeo es nannte), dann ging es immer um Ausnahmesituationen wie Ausflüge, Ferien oder besondere Ereignisse. Bei Romeo hinterließ das den Eindruck einer absolut perfekten Beziehung. Da ihm jeder Gedanke an Rolf zuviel war, fragte Romeo nie nach den negativen Seiten. Er wollte nicht wissen, woran die Beziehung gescheitert war. In ihrem Ende sah er aber einen Beweis für die zeitlichen Grenzen von Tybalts Liebe. Nicht auszudenken, was das für Romeos Beziehung bedeuten könnte.

Oft sind es gerade die kleinen Ungewissheiten über die Vergangenheit des Freundes, die einen belasten. Aus Angst, dich lächerlich zu machen, willst du sie womöglich nicht ansprechen. Tu es trotzdem! Es gab mit Sicherheit einen Grund, wieso dein Freund und sein Ex Schluss gemacht haben. Wahrscheinlich sogar einen sehr guten, der deine Ängste mindern kann. Nur wenn du deinen Freund über deine Sorgen in Kenntnis setzt, hat er die Möglichkeit, darauf einzugehen. Romeo erzählte Tybalt nichts von seiner Qual und musste deshalb noch einige Stunden voll unangenehmer Erwartungen aussitzen.

„Der lispelt ja", triumphierte Romeo, als Rolf nach der Vorspeise auf die Toilette verschwand, und überhörte Tybalts „süß, nicht wahr?".

„Und – ich will ja nicht unken – aber dieses weite Hemd trägt er nicht aus modischen Gründen. Das sitzt ganz schön straff über seinem Bauch." Romeo hatte den Frieden mit dem Universum wieder gefunden. Rolf war glatter Durchschnitt.

Seit er wegen des Studiums nicht mehr fünfmal in der Woche schwimmen konnte, archivierte er seine Sportlernahrung in der Hüftgegend. Er war in Wirklichkeit viel kleiner, als er auf den Bildern wirkte, und seine Stirn hatte die Wanderschaft zum Hinterkopf bereits angetreten. Er war wirklich clever, charmant und redegewandt. Aber das war sein einziges Manko.

Nach Rolfs erstem Live-Auftritt sah Romeo so wenig Bedrohungspotenzial für seine Beziehung mit Tybalt, dass er großzügig verkündete, man könnte ja häufiger etwas zusammen unternehmen.

Wenn du mich fragst, der Nachteil einer offenen Beziehung ist das ständige Lügen und die Geheimnistuerei.

Was willst du damit sagen?

Ich meine nur, wir sind erwachsen und unsere Beziehung ist stabil genug, dass wir mit anderen rummachen können.

Na gut, keine Geheimnisse, wir erzählen einander alles.

Montag

Ich hatte heute Sex!

Toll!

Dienstag

Ich hatte heute Sex!

Toll!

Mittwoch

Ich hatte heute Sex!

Weißt du, ich glaube, wir sollten doch keine so offene Beziehung haben ... -

Toll! Ich bin ja so erschöpft!

8. Kapitel

Beziehungsmodelle

Es treten auf:
Romeo Montague
Enrico, Küchengehilfe im Anwesen der Montagues
Julian Capulet
Tybalt Capulet
Die schöne Helga (eigentlich Holger)
Harald
Robert und
Benni (die kleine Sahneschnitte)

Nachdem Romeo Rolf, den Ex seines Freundes Tybalt, kennen gelernt hatte, ging es ihm gut. Sehr gut sogar. Er hatte sich davon überzeugen können, dass Rolf glatter Durchschnitt war und keine Gefahr für seine Beziehung mit Tybalt darstellte. Also beschloss er, als Zeichen seiner Liebe, Tybalts Tofu-Burger eigenhändig zu braten. Er schwebte in den Keller, griff im Kühlraum eines der blassen, eingeschweißten Pakete und trabte die Treppe hinauf, zurück in seine Einliegerwohnung.

Erst kurz vor der Wohnungstür meldeten sich Bedenken: War es klug, Tybalt dafür zu belohnen, dass sein Ex inzwischen fett geworden war? Wäre das nicht etwas dick aufgetragen? Und: Konnte man Bratlinge überhaupt im elektrischen Wasserkocher zubereiten? Nach einigem Zögern fand er, es könne nicht schaden, etwas guten Willen zu zeigen. Er würde Tybalts Burger in der Küche braten lassen.

Also machte er sich auf den Weg in den Flur, der über der Küche des Hauses verlief. Hier gab es einen kleinen, handbetriebenen Lastenaufzug. Romeo beugte sich in den Schacht und angelte im Dunkeln nach dem Führungsseil, als er Stimmen aus der Etage unter sich hörte.

„Dreimal, in einer Nacht." Das war Enrico, der Küchengehilfe. „Wir haben maximal 20 Minuten geschlafen."

„Es ist gerade mal 17 Uhr; noch lange nicht Feierabend!", wollte Romeo in die Tiefe brüllen. Aber er fand es zu verlockend, ein paar Details aus Enricos Sexleben zu erfahren.

„Ich konnte das ganze Wochenende nur breitbeinig laufen", setzte der seine Schilderung fort. „Meiner Mutter musste ich erzählen, ich sei am Samstag ausgeritten."

Romeo grinste. Dieselbe Ausrede hatte er nach einer wilden Ausschweifung mit Tybalt auch schon mal benutzt.

„Ich glaube, beim dritten Mal bin ich ohnmächtig geworden." Enrico flüsterte nun beinahe. „Ich erinnere mich nur noch, dass wir am nächsten Morgen kaum die verklebte Bettwäsche von unserer Haut lösen konnten. Das Laken sah aus wie eine Blumenwiese nach dem Almabtrieb. Ich fürchte, dass musste er direkt in die Tonne hauen."

Moment mal. Romeo stockte der Atem. Wo war Tybalts geschmacklose Blümchen-Bettwäsche geblieben?

Ein spitzer Schrei durchschnitt die Stille im Schacht. Und Enrico sowie sein Gesprächspartner zuckten zusammen, als eine Packung eingeschweißter Tofu-Burger in die Tiefe rauschte und mit sattem Schmatzer auf dem Boden aufschlug.

Das war doch die Höhe! Tybalt, der eifersüchtigste Mensch Veronas! Tybalt, der lautstarke Verkünder einer absolut treuen Heilslehre! Ausgerechnet Tybalt war fremdgegangen. Romeo rannte aus dem Haus und war froh, ihm in diesem Zustand nicht zu begegnen.

Die grenzenlose Erniedrigung raubte Romeos Zeitgefühl: Er mochte wohl stundenlang ziellos durch die Stadt geirrt sein, als er sich exakt zwölf Minuten später im Capuletschen Garten wiederfand. Das Glück war ihm hold: Im Pool dümpelte Julian – auf einer Plastik-Badeinsel mit Palme. Romeo suchte die Umgebung noch einige Sekunden nach wachsamem Personal ab, dann stürzte er sich voll bekleidet in den Pool. Noch bevor Julian sich fangen oder gar schreien konnte, hatte er bereits Romeos Zunge im Hals. Eine Masche, jemanden zum Schweigen zu bringen, die Romeo von Tybalt gelernt hatte.

Und nun? Würde Romeo es Tybalt so richtig heimzahlen und der Filteranlage des Pools eine arbeitsreiche Nacht bescheren? Das sind die Momente, in denen Freunde von Fernsehshows mit telefonischem Abstimmungsverfahren eine völlig rauschfreie Stimme in ihrem Ohr ertönen hören:

„Entscheiden Sie sich für Live-Sex mit den Original-Stimmen von Romeo und Julian, so drücken Sie bitte jetzt die 1 (1,92 Euro pro Minute). Wenn Sie es vorziehen, dass Romeo sich auf seine erworbenen Fähigkeiten aus den vorangegangenen Kapiteln besinnt und mit Julian nur über seine Sorgen spricht, drücken Sie bitte die 2 (zum Ortstarif). Wenn Sie jedoch der Meinung sind, Romeo verdiene schon für seinen Vorsatz ein schlechtes Gewissen und könne dieses nur durch eine nennenswerte Geldspende für eine karitative Organisation beruhigen, dann drücken Sie bitte die 3 (kostenfrei; Ihr Anruf wird gesponsert von der deutschen Bischofskonferenz)."

Und du? Für welche Taste hättest du dich entschieden? Was glaubst du, hätte dein Freund gewählt? Frag ihn danach! Eure Einstellung zu Fragen wie dieser sagt eine Menge über die Beziehung aus, die ihr führt oder führen wollt.

Die treue Beziehung

Für eine treue Beziehung spricht genauso viel (oder wenig) wie für jedes andere Beziehungsmodell. Treue Menschen verhalten sich, im Vergleich zu Paaren mit anderer Einstellung, nicht moralisch überlegen. Sie sind aber auch nicht automatisch unmodern oder konservativ, weil sie nur mit einem Mann ins Bett steigen.

Es gibt viele Paare, die sich treu sind, ohne es jemals zu thematisieren. Sie lieben sich und sind sich selbst genug. Besonders in der Anfangszeit einer Beziehung ist diese Sichtweise von Vorteil. Sie vermittelt dem Partner das Gefühl von Sicherheit und Geborgenheit.

Leider gibt es Menschen, die diese Einstellung übertreiben. Sie schließen sich zu „Wir"-Paaren zusammen und verstoßen massiv gegen das Abgrenzungsprinzip (aus dem fünften Kapitel: „Zweifel an der Beziehung", Seite 73).

„Wir"-Paare unternehmen für gewöhnlich alles gemeinsam und sind eine geschlossene Einheit. Sie machen es sich mit Prosecco in Designergläsern auf der Ledercouch gemütlich – natürlich bei stilvoller Beleuchtung. Sie neigen dazu, ihre Beziehung als das Perfekte schlechthin darzustellen. Sie genügen sich vollkommen, wäre da nicht die fatale Sehnsucht nach Publikum. Denn was nutzt alle Perfektion, wenn sie keiner zu Kenntnis nimmt?

Meist stagnieren „Wir"-Paare in einer frühen Phase des Verliebtseins. Sie finden keinen Absprung von dem Gefühl, sie bräuchten niemand anders als sich selbst. Manche von ihnen werden Europas glücklichstes Leuchtturmwärter-Pärchen, andere beziehen eine Farm in Afrika. Aber die meisten werden doch in einem normalen sozialen Umfeld verbleiben. Kontakt mit anderen Menschen ist nicht ausgeschlossen, später wahrscheinlich erwünscht. Ähnlich wichtig wie die Beteuerung, dass man sich mit dem anderen nicht langweilt, ist nur das Fernsehprogramm.

Je früher es einem Paar klar wird, dass es sein „Wir-Sein" übertreibt und damit gegen das Abgrenzungsprinzip verstößt, desto einfacher ist es, dem Teufelskreis aus bewusstem Rückzug und dem daraus folgenden Meideverhalten des Freundeskreises zu entkommen. Wenn ihr eure Verhaltensmuster durchbrechen und Freunde und Bekannte wieder in euer Leben integrieren wollt, erzählt ihnen doch einfach offen, wie es euch in letzter Zeit ergangen ist.

Keine Angst! Wenn ihre eure sozialen Kontakte ausbaut, heißt das nicht, dass ihre auch eure Einstellung zur Treue ändern müsst.

FAQ

„Unabhängig von einer moralischen Bewertung – ist eine treue Beziehung nicht die einfachste und sicherste Art, eine Beziehung zu führen?"

Bedingungslose sexuelle Treue ist so lange einfach und sicher, wie sie für keinen von euch eine nennenswerte Einschränkung bedeutet. Dafür müssen zwei Voraussetzungen erfüllt sein: Dein Freund muss erstens davon überzeugt sein, dass du kein sexuelles Interesse an anderen Männern hast. Denn wenn er dir das nicht glaubt, wird Eifersucht euer simples Beziehungsmodell beschatten. Das würde natürlich auch für dich gelten.

Und zweitens müssen ihm und dir Affären tatsächlich unwichtig sein. Wenn du den Wunsch nach anderen Männern unterdrückst, kann sich Verlangen aufstauen. Dann sitzt du irgendwann mit einem bedeutenden Bedürfnis auf deiner Designercouch und brauchst einen Schuldigen für dieses unbefriedigende Gefühl. In dieser Situation kann schon ein kleiner Streit genügen, um die Frage aufzuwerfen, wieso du deinem Freund die beste Zeit deines Lebens „geopfert" hast.

Freigang unter Auflagen

„Jawoll, Genosse Oberst!" Holger hatte die Nase gestrichen voll. Er fühlte sich wie ein DDR-Bürger bei der Abgabe eines Ausreiseantrages. Dabei wollte er nur mit einem Freund ins Kino.

„Aber wieso?", fragte Harald fast weinerlich. Er benahm sich, als würde Holger die Beziehung beenden. „Hast du keine Lust, mit mir *Tatort* zu gucken?" Holger wollte schon, aber nicht heute. Er schlug vor, den Fernsehfilm aufzunehmen und am folgenden Abend zu sehen.

Nun änderte Harald seine Strategie: „Schön, dann gehen wir zu dritt ins Kino." Darauf hätte man sich einigen können. Allerdings hatte Romeo kürzlich beklagt, dass die beiden immer alles gemeinsam machten. Außerdem fand Holger, es würde ihm gut tun, mal wieder etwas ohne Harald zu unternehmen. Er lehnte ab.

„Bitte, mich brauchst du nicht um Erlaubnis zu fragen", erwiderte Harald trotzig. „Du kannst tun, wozu du Lust hast. Aber erwarte nicht, dass ich das gutheiße."

Ein gesundes Gefühl der Zusammengehörigkeit ist in einer Beziehung unerlässlich. Man lernt viel vom und über den anderen, wenn man gemeinsam etwas unternimmt. Holger hatte Harald in den Volkshochschulkurs „Kochen mit Koriander" geschleppt, und Harald nahm Holger auf die Wandertage der schwulen Uniformgruppe mit. Die beiden hatten nicht nur Spaß, sondern auch ihren Horizont erweitert. So war es Holger anfangs nicht bewusst, dass Harald ihm Zeit allein mit anderen Menschen verweigern wollte.

Wer sich in einer „Wir"-Partnerschaft gefangen fühlt, tut gut daran, sich Freiräume zu erkämpfen. Freiräume sind so etwas wie der Vertikutierer unter den Gartengeräten der Liebe. Sie reißen das Unkraut aus einer Beziehung und geben der Liebe Luft. Dennoch haben viele Hobby-Gärtner Hemmungen, mit diesem Höllengerät über ihren Rasen zu brettern. Und genauso haben viele Liebende Angst vor dem Geschrei ihres Freundes.

Freiräume haben nichts mit außerehelichem Sex zu tun. Es geht um Zeit, die man eigenverantwortlich und ohne Kontrolle des Partners verbringt. Für Menschen, die Angst davor haben, ihr Freund könne fremdgehen, sind sie eine gute Übung. Denn so lernen sie loszulassen und zu vertrauen.

FAQ

„Und wer garantiert mir, dass er dort draußen nicht andere Männer kennen lernt?"

Niemand. Aber wer kann dir garantieren, dass er auf Arbeit, in der U-Bahn oder an der Käsetheke keine anderen Männer kennen lernt? Wenn du aus dieser Angst heraus euer Leben einschränkst, müsst ihr grundlegend an eurer Beziehung arbeiten. Entweder du lernst zu vertrauen, oder er bemüht sich stärker, Vertrauen zu bilden. Eine Beziehung soll das Gefühl von Sicherheit vermitteln und nicht Angst machen.

Das Modell „Offen-light"

„Der große Vorteil einer promisken Beziehung besteht darin, dass man nicht dick wird", sagte Benni, die kleine Sahneschnitte, mit einem vorwurfsvollen Blick auf Holgers straff gespanntes Lycra-Shirt. Holger und Harald langweilten ihre Freunde seit beinahe einer Stunde mit immer neuen Variationen des Themas Treue. Dann hatte Benni es satt.

„Das Prinzip ist ganz einfach", fuhr er fort. „Eine Partnerschaft, die fest auf den Fundamenten der Eifersucht ruht, sucht sich den einfachsten Weg, den Freund ‚vom Markt zu nehmen': Er wird gemästet. In unserer auf Körperkult ausgerichteten schwulen Community ist das natürlich so eine Art sexuelles Todesurteil."

Harald starrte Benni mit offenem Mund an; Holger straffte die Bauchmuskeln.

Das war sehr provokant ausgedrückt. Aber ein Funken Wahrheit steckt mit Sicherheit darin. Wer hat schon regelmäßig gekocht, als er noch Single war? „Wir-Paare" haben dieses Betätigungsfeld in der Regel bereits nach den ersten Wochen für sich erschlossen. Sie schenken sich gegenseitig ein Crème-frâiche-Kochbuch, beteuern, dass ihnen die anderen egal sind, und schlagen sich eine Kalorie nach der anderen auf die Problemzonen.

Ganz anders sieht das bei ledigen Jägern und Sammlern aus. Oder bei denen, die in einer offenen Beziehung leben. Für Affären mit anderen Männern und die Bestätigung ihrer Attraktivität nehmen sie manche Diät in Kauf, achten auf ihre Ernährung oder treiben Sport, bis ihnen die Oberarme platzen.

Benni und Robert hatten sich für das Modell der offenen Beziehung „light" entschieden. Das bedeutet, dass Sex mit anderen Männern zwar erlaubt ist, es aber Regeln gibt, an die sich halten müssen.

Die beiden beschlossen, sich über ihre One-Night-Stands auf dem Laufenden zu halten. Mehr als flüchtige sexuelle Begegnungen waren tabu. In längeren Affären sahen sie eine potenzielle Gefährdung der Beziehung.

Was du mit deinem Freund aushandelst, falls ihr euch für eine offene Beziehung mit Regeln entscheidet, bleibt euch überlassen. Ihr könnt das Fremdgehen zum Beispiel auf gemeinsamen Sex mit anderen beschränken. Oder Dreier kategorisch ausschließen. Ihr könnt auch euer privates Umfeld zum verbotenen Terrain erklären.

Tipp: Verzichte darauf, provokant zu knutschen oder mit anderen zu flirten, wenn dein Freund in der Nähe ist. So befreiend und beflügelnd der Seitensprung für den Fremdgeher ist, so beschämend, quälend und schmerzhaft kann er für den „Betrogenen" sein. Besonders wenn er dabei zusehen muss und selbst dann, wenn die Beziehung als „offen" ausgehandelt wurde.

Wahrscheinlich werdet ihr auch bei solchen Regeln feststellen, dass es sinnvoll ist, sich auf Veränderungen und Variationen vorzubereiten. Vielleicht ändert sich sein Beuteschema in eine Richtung, mit der du nichts anfangen kannst. Dann sind Dreier auf einmal ausgeschlossen. Oder ihr steht neuerdings auf den selben Typ Mann. Dann kommt ihr euch womöglich in die Quere und erlebt eine ganz neue Art der Eifersucht.

Wenn sich euer Geschmack oder eure Vorlieben und Wünsche ändern und ihr von euren Regeln abweichen wollt, geht das natürlich nur nach Absprache.

Beziehung ohne Grenzen

Der Endpunkt der Skala ist erreicht, wenn es in einer Beziehung keine Regeln mehr gibt. Jeder kann mit jedem machen, wann, wo und was er will. Die Beziehung dient den emanzipierten Partnern und hat nur so lange Bestand, wie sie deren Selbstverwirklichung ermöglicht.

Manche Menschen sehen in dieser Form der Beziehung eine Wohngemeinschaft mit emotionaler Bindung; noch einen Schritt selbständiger und man ist wieder Single. Wenn es auch jenseits ihrer sexuellen Aktivitäten wenig gemeinsam macht, hinterlässt das Paar in seinem sozialen Umfeld oft genau diesen Eindruck.

Beziehungen ohne Grenzen können sich einspielen, wenn die Liebe der Gewohnheit gewichen ist: Eure Goldfische teilen ein Aquarium, ihr die gemeinsame Waschmaschine, und der Mietvertrag läuft sowieso auf den Namen beider Parteien. Wann habt ihr euch das letzte Mal gesagt, wie wichtig ihr euch seid? Wann gab es den letzten Liebesbeweis? Was verbindet euch jenseits der gemeinsamen Wohnung? Seid ihr womöglich nur deshalb noch ein Paar, weil eine Trennung unpraktisch wäre?

Wenn eine Beziehung nur noch dein Bedürfnis nach Kontinuität befriedigt, wird es Zeit, an deiner Partnerschaft zu arbeiten.

FAQ

„Seit zwei Monaten habe ich eine Affäre mit einem Kerl, der schon jahrelang in einer offenen und sehr lockeren Beziehung steckt. Wie schaffe ich es, ihn da loszueisen?"

Das wird nicht leicht; schließlich hat er viel Zeit gehabt, sich in seinem Umfeld einzuleben. Und selbst wenn es dir gelingt, muss das nicht heißen, dass du mit ihm glücklich wirst.

Bist du der erste, mit dem er eine Affäre hat? Oder bist du der aktuelle Nebenfreund in einer langen Reihe von Liebschaften? Vielleicht praktiziert er diese Konstellation, weil er nicht in der Lage ist, sich in einer Beziehung emotional ausschließlich an einen Freund zu binden.

Wenn man ihn und seinen langjährigen Freund kaum als Paar wahrnimmt, verstößt er gegen das Abgrenzungsprinzip (aus dem sechsten Kapitel). Kannst du sicher sein, dass das mit dir anders wäre? Es besteht durchaus die Gefahr, dass er sich langen emotionalen Bindungen auch weiterhin verweigern wird. Dann würdest du später zusehen müssen, wie er seine romantischen Gefühle mit kurzen Liebschaften befriedigt.

Es kann aber auch sein, dass er mit Affären, forcierter Selbstständigkeit und sexuellem Experimentieren eine Unzufriedenheit in seiner Beziehung überspielt. Dann könnte es sich lohnen, ihm seine Beziehungslethargie vor Augen zu führen. Vielleicht ist er sogar bereit, sich auf einen neuen Versuch einzulassen. Letztlich bleibt Liebe immer ein Wagnis.

HIV und Aids

Du und dein Freund führen eine treue Beziehung; ihr hattet vorher keine sexuellen Kontakte zu anderen Männern; euer HIV-Testergebnis ist negativ. So mögen es unsere Gesundheitsministerin und die Krankenkassen. Denn das Risiko einer HIV-Infektion ist dann minimal. In allen anderen Fällen müsst ihr über die Gefahr einer Infektion nachdenken – am besten vor dem ersten Mal.

Über Safer Sex oder den Umgang mit HIV-Positiven oder an Aids Erkrankten kann man sich bei den Aids-Hilfen informieren (im Serviceteil am Ende dieses Buches findest du die entsprechenden Adressen).

Bei der Frage, wie ihr euch gerade in einer offenen Beziehung schützen wollt, habt ihr einige Möglichkeiten: Ihr könnt euch grundsätzlich dafür entscheiden, nur Safer Sex zu praktizieren – sowohl mit eurem Partner, als auch mit fremden Kerlen. Eine Wahl, die dann zu empfehlen ist, wenn sich (mindestens) einer von euch nicht testen lassen will oder wenn ihr bereits wisst, dass (mindestens) einer von euch HIV-positiv oder an Aids erkrankt ist.

Sollten du und dein Freund HIV-negativ sein, ist Safer Sex in der Beziehung kein Muss. Allerdings nur unter der Bedingung, dass mit anderen Männern alles safe abläuft.

FAQ

„Sollte ich meinen Freund zu einem HIV-Test drängen?"

Du kannst versuchen, ihn mit Argumenten zu überzeugen; es spricht einiges dafür, eine Infektion möglichst früh zu erkennen. Ihn überreden oder sogar drängen solltest du aber nicht. Es ist auch sein Recht, es nicht wissen zu wollen – vorausgesetzt, er versucht nicht, dich zu unsafem Sex zu überreden!

9. Kapitel

Die Beziehung im sozialen Umfeld

Es treten auf:
Romeo Montague (mit seinen Eltern)
Tybalt Capulet (mit seiner Mutter)
Die schöne Helga (eigentlich Holger) und Harald
Benni (die kleine Sahneschnitte) und
Robert (sowie weitere Freunde von Romeo)
Lars, Atze (und weitere Arbeitskollegen und Freunde von Tybalt)

„Diese Beziehung hat keine Zukunft", sagte Romeo zu seinem Freund Tybalt. „Ein Montague, ein Capulet: Das kann nicht funktionieren." Er saß auf der Couch, das Gesicht in den Händen vergraben, vor sich eine geleerte Flasche italienischen Rotwein.

Tybalt betrachtete ihn mit einem Gesichtsausdruck versteinerten Flehens. Er saß aufrecht vor Romeo auf einem Stuhl, die Knie zusammengepresst. Seine Fingernägel waren frisch geschnitten, und er trug seinen schwarzen Anzug mit einem weißen Hemd. Trotzdem wirkte er ausgesprochen jämmerlich: „Jede Beziehung, die auf den Grundsätzen der Liebe basiert, hat Zukunft", antwortete er mechanisch.

„Unsere Häuser, beide gleich an Ehrgefühl,
brechen hier in Verona, wo uns're Szene spielt,
aus altem Groll in immer neuen Streit."

Romeo war mit sich zufrieden. Sein Vater hätte es nicht besser formulieren können.

Aber Tybalt setzte zum Gegenschlag an:

„Muss bürgerliches Blut
denn bürgerliche Hände stets beschmutzen?
Stieg aus den Lenden dieser Feinde nicht empor
ein Paar mit sternengleichem Glanz?
Muss unser Unglück, unser Ende gar,
muss furchtbarer Verlauf und Tod,
den Streit der Eltern erst begraben?"

„Ausgezeichnet!" Romeo war aufgesprungen und klopfte Tybalt auf die Schultern. „Ganz ausgezeichnet. Meinst du, du kannst dir das bis heute Abend merken?"

Tybalt war sich nicht mal sicher, ob das erste Abendessen mit Romeos Eltern den ganzen Aufwand Wert war. Wer garantierte ihm, dass sie nicht mit ganz anderen Einwänden kommen würden? Aber er beantwortete Romeos Frage mit einem artigen Nicken.

„Und was sagst du, wenn sie dich auf dein Mechanikergehalt ansprechen?"

„Dass ich sehr sparsam bin", rezitierte Tybalt genervt.

„Okay, gut. Trotzdem besser, wir üben das nachher noch mal. Wenn beim Abendessen irgendetwas schief läuft, enterben sie mich."

Die lieben Eltern

Heute würde Romeo wohl sagen, das erste gemeinsame Abendessen mit seinen Eltern und Tybalt sei der Anfang vom Ende gewesen. Zuvor hatte es in seiner naiven Vorstellung von Beziehungen keine Schwierigkeiten mit der Familie gegeben, keine Freundeskreise, die sich nicht vermischen ließen, und auch keine Probleme des Alltags. Doch dann kam seine Mutter!

„Wann wirst du uns deinen kleinen Freund endlich vorstellen, Liebes?"

Da regte Romeo schon die Formulierung auf. „Mein Freund ist erstens nicht klein, heißt zweitens Tybalt und drittens kennst du ihn bereits. Du hast ihn schließlich vor drei Wochen vor die Tür gesetzt."

„Ich habe ihn nicht vor die Tür gesetzt", sagte seine Mutter, einen Hauch zu gelangweilt. „Ich habe lediglich gesagt, er könne jetzt nach Hause gehen. Und das auch nur, weil ich ihn für den Gärtner gehalten habe. Was trägt er auch immer diese ärmelfreien Oberteile?"

Spätestens mit diesem Ereignis hatte sich eine unüberbrückbare Kluft zwischen Tybalt und Lady Montague aufgebaut. Wenigstens verstand Tybalt seitdem, wieso sie ihn vorher nie gegrüßt hatte. Tybalt fand, es sei typisch für eine Montague, dass sie in Menschen ohne Siegelring automatisch Bedienstete vermutete.

Die Lady ihrerseits war ebenfalls „not amused". Schlimm genug, dass ihr Sohn den Vertreter eines Capuletschen Seitenzweigs anschleppte. Aber sie hatte wenigstens einen Akademiker erwartet, keinen Mechaniker. Mit ihrem Mann probte sie jeden Abend ein neues Rollenspiel: Wie konnten sie Romeo sanft, aber unmissverständlich von seinem Lover loseisen, ohne das Thema Enterbung zu deutlich durchscheinen zu lassen?

Die Lösung schien so schwer nicht zu sein. Sie beschlossen, Tybalt in Romeos Augen zu demontieren. Doch dafür mussten sie den Feind erst kennen lernen. So kam es zu der verhängnisvollen Einladung zum Abendessen.

„Es ist schön, Sie endlich persönlich kennen zu lernen." Romeos Vater streckte Tybalt steif die Hand entgegen.

„Ist dein Vater nicht reizend?", flüsterte Lady Montague ihrem Sohn zu. „Mit der gleichen Herzlichkeit begrüßt er auch seine Angestellten."

Romeo überging die Bemerkung seiner Mutter. „Es riecht wunderbar. Was hast du denn Schönes vorbereitet, Mutter?", stichelte er zurück. Wohl wissend, dass seine Mutter nicht die leiseste Ahnung hatte, was es geben würde. Zu einfachen Anlässen überließ sie die Planungen voll und ganz dem Personal.

„Lasst euch einfach überraschen", fauchte sie zurück und lächelte Tybalt steinern entgegen. Tybalt merkte wohl, dass die Konversation einem Spaziergang durch ein Minenfeld glich, verstand aber zum Glück die einzelnen Anspielungen nicht. Er gab sich größte Mühe, sich vor Romeos Eltern nicht zu blamieren, musste aber feststellen, dass ihn die ungewohnte Umgebung hoffnungslos überforderte.

Als die Familie ins Speisezimmer umzog, begann Tybalts Groll auf seinen Freund zu wachsen. Wieso hatte er mit ihm alberne Gesprächsstrategien einstudiert? Romeo war so stolz auf seinen Text gewesen, dass er ihn sogar niedergeschrieben hatte.

Statt Konversation, fand Tybalt, hätte er ihm besser erklären sollen, wieso man für ein einziges Diner zwölf verschiedene Werkzeuge braucht. Also drehte Tybalt seine Spaghetti mit der Schneckenzange ein und goss Wasser in die Rotweingläser. Er putze sich mit der Stoffserviette die Nase und drückte seine Zigarette im Dessert-Tellerchen aus. Nach jedem Fehltritt war ihm ein sarkastischer Nebensatz der Lady sicher. Und Romeo rollte entsetzt mit den Augen.

Die Demokratisierung unserer Gesellschaft führt dazu, dass wir soziale Unterschiede oft unterschätzen. Menschen neigen dazu, unangenehme Verhaltensweisen anderer Menschen nicht ihrer Herkunft, sondern ihrem Charakter zuzuordnen.

Romeo mag vielleicht denken, Tybalt könne das richtige Verhalten in Gesellschaften erlernen. Womöglich übersieht er aber, dass sein Freund aufgrund seiner sozialen Herkunft daran vielleicht kein Interesse hat. Tybalt findet Mehr-Gänge-Menüs im Rahmen gesellschaftlicher Konventionen einfach albern und überflüssig.

Eine unterschiedliche Herkunft kann dem Paar völlig unproblematisch erscheinen, sich aber im Zusammenspiel mit den Eltern zum Stolperstein entwickeln. Der Sohn befindet sich auf dem Terrain seiner Kindheit und Jugend; für ihn ist der Auftritt ein Heimspiel. Für den „Schwiegersohn" ist es weit schwieriger. Besonders dann, wenn er mit den Spielregeln einer ihm nicht vertrauten sozialen Schicht konfrontiert wird.

FAQ

„Dass mein Freund und meine Eltern sich nicht mögen würden, war mir schnell klar geworden. Aber wieso haben sich diese Probleme in unserer Beziehung breit gemacht?"

Wahrscheinlich hast du bei den Problemen deines Freundes mit seinen „Schwiegereltern" nicht eindeutig Stellung für eure Beziehung bezogen. Dabei ist es wichtig, dass du dich auch vor deinen Eltern klar zu ihm bekennst. Unschlüssiges Verhalten oder ein in Schutz Nehmen der eigenen Eltern kann leicht einen Keil zwischen euch treiben.

Es wäre natürlich schöner, wenn deine Eltern deinen Freund mögen und akzeptieren würden – und umgekehrt. Sollte dem nicht so sein, kann man versuchen, an ihrem Verhältnis zu arbeiten und Verständnis zu wecken. Wenn das nicht hilft, musst du dich entscheiden: Geht es dir vorrangig um deine Beziehung oder um ein gutes Verhältnis zu deinen Eltern?

Vielleicht liegen eure neuen Probleme aber auch daran, dass sich dein Freund abfällig über deine Familie äußert. Da viele Menschen eine tiefe innere Bindung zur eigenen Verwandtschaft verspüren, können herabsetzende Bemerkungen einen Loyalitätskonflikt herbeiführen. Es ist etwas anderes, ob du negativ über deine Familie redest oder ob er das tut.

„Kochen Sie denn auch ab und zu für meinen Sohn, Herr Romeo?"

„Wie bitte?" Romeo hüpfte vor Schreck eine Ravioli von der Gabel und über die Tischkante auf den Boden.

„Mama …", Tybalt unterbrach die peinliche Stille. „Das einzige Gerät, das Romeo in seiner Küche bedienen kann, ist sein Wasserkocher. Genau genommen: *War* sein Wasserkocher. Das arme Ding streikt, seit Romeo neulich versucht hat, eine Dosensuppe darin zu kochen."

„Aber wenn mein Tybalt von der Arbeit kommt, braucht er doch etwas Kräftiges." Mama Capulet stand mütterliche Sorge in den Augen. „Kein Wunder, dass du so dünn geworden bist, Schatz."

Romeo stöhnte kurz auf. Er hatte die abtrünnige Ravioli inzwischen ausgemacht und kickte sie mit lässigem Schwung unter das Sofa. „Bei uns im Haus kochen zwei Köche von morgens bis abends. Und wenn Sie glauben, Tybalt wäre abgemagert, dann sollten Sie ihn mal ohne T-Shirt sehen. Ich habe eher Bedenken, dass unsere kleine Küchenfee ihn mästet."

Romeo tat nicht einmal so, als wollte er einen guten Eindruck bei Tybalts Mutter hinterlassen. Er war immer noch sauer wegen der Sache mit der Schneckenzange. Tybalts Beteuerungen, er habe nun einmal keine Ahnung, welches Besteck zu welchem Gang gehöre, schenkte er keinen Glauben. Für Romeo stand fest, dass Tybalt absichtlich versucht hatte, ihn zu blamieren. Wieso sollte er sich besser verhalten? Und das auch noch bei dieser Person?

Tybalts Mutter versuchte ständig, dem Schwiegersohn reinzureden. Haushalt, Wäsche, Ernährung … alles Dinge, die Romeo nicht interessierten und sie nichts angingen. Außerdem fand Romeo es beschämend, sie dabei zu beobachten. Tybalts Mutter zitterte vor Nervosität. Sie wollte alles richtig machen, wenn der neue Freund ihres Sohnes zu Besuch war. Stattdessen ging alles schief.

Mütter haben oft das Gefühl, sie müssten dem Freund wichtige Fähigkeiten für die Bewältigung des Haushaltes und die Pflege ihres Sohnes vermitteln. Das muss man ihnen nachsehen. Etwa zwei Jahrzehnte haben viele Mütter sich darauf gefreut, mit einer Schwiegertochter Kekse zu backen, ihre Enkelkinder zu hüten oder was auch immer. In ihrer Schwiegertochter würde ihr Wissen um den eigenen Sohn und was für ihn das Beste ist, überleben.

Und dann kommt ein Schwiegersohn.

Tipp: Wenn dich seine Mutter mit Ratschlägen überhäuft, lass sie gewähren. Mit ein paar geschickten Fragen holst du aus ihr Details über deinen Freund heraus, die er nie preisgegeben hätte. Vielleicht zeigt sie dir sogar Fotos, die ihn als 16-Jährigen zeigen – mit peinlicher Popperlocke.

Sich mit der Schwiegermutter zu verbünden, kann nur nützlich sein. Mit etwas Glück wird aus einem anfänglichen Zweckbündnis sogar eine gute Freundschaft oder die Gelegenheit für einen günstigen Kurzurlaub.

Freundeskreise vermischen

„Also, ich finde die Idee großartig", versuchte Holger Romeo zu beruhigen. „Nun mach dich nicht verrückt. So schlimm können Tybalts Freunde doch nicht sein."

Romeo konnte den Blick nicht von Lars lassen, der aus dem Pool heraus Steffi, das Dienstmädchen, bespritzte. „Oh doch", antwortete er, „wenn das meine Eltern erfahren, bin ich praktisch schon enterbt."

Nach den beiden Abendessen im Familienkreis hatten Romeo und Tybalt eine Woche lang geschmollt und dann beschlossen, für ein Kennenlernen der Schwiegereltern sei die Zeit einfach noch nicht reif gewesen. „Beim nächsten Mal werden wir es uns einfacher machen", hatte Tybalt versöhnlich vorgeschlagen. „Wir werden deinen und meinen Freundeskreis miteinander bekannt machen. Ich habe Lars und meine Kumpels von der Arbeit für nächsten Samstag zum Grillen bei euch am Pool eingeladen. Da sind deine Eltern nicht da. Sagst du Harald und den anderen Mädels Bescheid?"

Romeos innere Alarmsirenen waren binnen Sekunden heiß gelaufen. Konnte das gut gehen? Und – vor allem – wollte er Tybalts Freunde wirklich kennen lernen? Ängstlich hatte er eingewilligt – schließlich wollte er nicht gleich den nächsten Streit vom Zaun brechen.

Das Dienstmädchen hatte sich inzwischen kreischend vom Pool und aus dem Garten zurückgezogen. „Wahrscheinlich telefoniert sie gerade mit meinen Eltern", flüsterte Romeo. Aber Holger hörte nicht hin. Er hatte das Gesicht zur Faust geballt und stierte zum Pool. Dort saß sein Freund, Harald, lasziv am Beckenrand, die Beine gespreizt, die Unterschenkel im Wasser. Vor ihm schwamm Lars, die Ellenbogen auf Haralds Knien, und fummelte an Haralds Bauchnabel-Piercing herum.

„Wenn der nicht sofort damit aufhört", zischte Holger, „werde ich ihm Nagellack–Entferner ins Bier schütten." Er sprang auf und rauschte zum Pool. Aber schon auf halber Strecke bemerkte er, dass Lars von allein an Interesse verlor. Harald beschrieb Tybalts knackigem Arbeitskollegen gerade ausführlich, was er dringend für seine Haut tun müsste, und langweilte seinen Zuhörer damit maßlos.

Als Holger bei den beiden ankam, galt Lars' volle Aufmerksamkeit bereits der kleinen Sahneschnitte, Benni, der gerade „zufällig" auf seiner Luftmatratze vorbeitrieb.

Alles in allem war die Party ein voller Erfolg: Lars und Benni trafen sich noch am selben Abend und arbeiteten tatkräftig an Lars' Coming-out. Steffi, das Dienstmädchen, meldete sich krank. Atze, Tybalts Arbeitskollege, ebenfalls. Die beiden hatten sich kennen gelernt, als Steffi versuchte, Romeos Vater auf dem Handy zu erreichen, und Atze das Klo suchte. Was sie miteinander anstellten, mochte sich keiner so recht vorstellen.

Holger und Harald versöhnten sich wieder. Das tun sie immer, schließlich sind sie sich treu. Und Benni und Robert üben sich inzwischen in Techniken, die Benni von Lars gelernt hat. „Wir dachten immer, so etwas könne nur bei Heteros funktionieren!"

Für Romeo und Tybalt war die Party dagegen nicht der Hit. Tybalts Kumpel waren auf den Sonnenliegen verschwunden, Romeos Freunde auf der schattigen Terrasse, und der Pool sah aus, als wäre eine Herde Zebras durchgezogen.

Außerdem war Tybalt eifersüchtig: nicht auf Romeo, sondern auf Lars. Seit Jahren hatte die kleine Sau auf „fass-mich-nicht-an" gemacht und war jetzt mit Benni abgezogen. Trotz offener Beziehung ließ sich Robert daraufhin mit Caipirinhas voll laufen. Da er Alkohol in großer Menge nicht verträgt, gab er ihn kurz darauf großzügig wieder frei – in den Pool.

Atze hatte sich lautstark über die schöne Helga lustig gemacht, worauf Romeos Freunde die „geistigen Tiefflieger" demonstrativ ignorierten. Aus dem gegenseitigen Kennenlernen war eine verbale Materialschlacht geworden.

Mit Romeos Freunden würde sich Tybalt bei seinen Kumpels nicht mehr blicken lassen können – und umgekehrt.

„Diese Beziehung hat keine Zukunft", sagte Romeo. „Du und ich, das kann nicht funktionieren."

„Oh, bitte, Romeo", antwortete Tybalt, „nicht schon wieder! Ich kann den Text längst auswendig".

„Nein, nein, ich meine das ernst. Unsere Party war ein Fiasko. Meine und deine Freunde können sich nicht ausstehen. Das muss doch was zu bedeuten haben!"

Muss es nicht! Man kann durchaus eine glückliche Beziehung führen, obwohl sich die Freunde nicht mögen. Es besteht keine Verpflichtung dazu, mit dem gesamten gemeinsamen Freundeskreis etwas zu unternehmen. Obwohl ungebremste Harmonie es natürlich leichter macht.

Eine Party, wie Tybalt und Romeo sie veranstalteten, ist eine gute Gelegenheit für ein zwangloses Betrachten aus der Ferne. Aber sie ist keine Garantie dafür, dass sich die einzelnen Parteien auch nur räumlich näher kommen. Jeder kennt den Partyeffekt: Eine Gruppe steht in der Küche, während sich die andere im Flur aufhält.

Tipp: Wer Freundeskreise vermischen will, sollte eine Gruppengröße wählen, die eine Unterhaltung erzwingt, zum Beispiel ein gemeinsames Abendessen.

Die Erwartungen sollte man allerdings nicht zu hoch schrauben. Wer sich einen Freund angelt, kauft nicht automatisch dessen Freundeskreis. Das gilt genauso für die eigenen Freunde. Man kann von ihnen nicht verlangen, dass sie den neuen Partner mögen.

FAQ

„Ich mag seine und er meine Freunde nicht. Brauchen wir die anderen überhaupt, um eine glückliche Beziehung zu führen?"

Mit großer Wahrscheinlichkeit werdet ihr für eine glückliche Beziehung ein soziales Umfeld brauchen! Du erinnerst dich bestimmt noch, dass es wichtig ist, euch beide zwar als abgegrenzte Einheit gegenüber eurer Umwelt zu verstehen, euch aber trotzdem nicht total abzuschotten. Das bedeutet, dass ihr neuen Leuten begegnen und auch euren Freundeskreis erweitern werdet.

Dann könnt ihr gemeinsam was mit euren „neuen" Freunden unternehmen und euch einzeln um die „alten" Freunde kümmern.

Die beste Freund"in"

„Es gibt niemanden, der so viel über mich weiß wie du", hauchte Tybalt seinem Geliebten ins Ohr. „Abgesehen von der schönen Helga." Aber das mit Helga dachte Tybalt nur, denn er wollte nicht schon den nächsten Streit riskieren. Er war sich sicher, dass Romeo seiner „besten Freundin" alles über ihn erzählte. Wieso hätte Holger sonst so dämlich grinsen sollen, als es um Romeos Vorliebe für behaarte Beine ging? Und Tybalt war sicher, dass Holger meist schlecht über ihn sprach; dabei hatte er ihn sogar einmal belauschen können.

Viel schlimmer als das Grinsen war aber die Vorstellung, was Holger mit dem Wissen anfangen würde. Wäre es bei ihm sicher, oder würde schon die halbe Szene hinter seinem Rücken über ihn tratschen? Seit die beiden sich kannten, überlegte Tybalt fieberhaft, wie er Romeo daraus einen Vorwurf machen konnte. Vergebens.

Stattdessen hatte er meist Lars (seine eigene „beste Freundin") angerufen und ihm sein Leid geklagt. Es gab niemanden, der ihm bessere Ratschläge geben konnte als Lars. Keiner wusste so gut über Romeo Bescheid wie er. Schließlich erzählte Tybalt ihm alles.

Außerdem tat es gut, mit jemandem über Romeo zu plaudern, der kein Blatt vor den Mund nahm und auch mal richtig über ihn herzog.

FAQ

„Wieso reden ‚beste Freundinnen' oft schlecht über den Gatten?"

Weil wir ihnen vor allem die negativen Seiten berichten – wem auch sonst? Schließlich wollen wir ja vor unseren anderen Freunden nicht das Gesicht verlieren. Unsere besten Freunde sind die Geheimnisträger aller schlechten Eigenschaften unseres Freundes. Damit sind sie eine Art Spiegel unserer eigenen Bedenken.

Härtetest: Gemeinsamer Urlaub

„Ihr habt euch getrennt? Iss nich' wahr!" Lars konnte es nicht fassen. Sein eigenes Coming-out lag erst wenige Wochen zurück, und jetzt berichtete ihm sein bester Freund Tybalt, dass er sich im Urlaub von Romeo getrennt habe. „Gerade jetzt, wo ich ein Vorbild für schwule Beziehungen brauche." Auch Tybalt war platt. Er hatte eher mit einem „das wurde auch höchste Zeit" gerechnet.

„Schade, ihr wart ein hübsches Paar", setzte Lars nach. „Was ist denn passiert?"

„Es fing schon im Flugzeug an", begann Tybalt. „Wir waren noch nicht gelandet, da beschwerte sich Romeo bereits, dass alles ganz kahl aussieht. Er klebte am Kabinenfenster und feierte überschwänglich jeden Grasbüschel, der einen Schatten warf.

Auf der Fahrt zum Hotel ging es genauso weiter. Und Playa liegt ganz im Süden der Insel, praktisch in der Wüste. ‚Na, wenigstens werden wir auf der Rückfahrt nicht allein sein', sagte er. ‚Der Hautkrebs reist mit.' Da war ich erstmal bedient.

Er fand das Essen zum Kotzen – wahrscheinlich weil ihm Reis zu proletarisch ist – und das Zimmer zu klein. Morgens wollte er immer bis in die Puppen schlafen, abends nur ins Yumbo Center. Als hätte ich Lust, im Urlaub auch noch ständig unter Schwuppen zu sein.

Ich also allein an den Strand. Unter all den Tunten war eigentlich nur ein hübscher Kerl: Costa, der Typ, der jeden Morgen die Sonnenschirme und -liegen aufstellte. Am dritten Tag sind wir in seiner Mittagspause in die Dünen. Und wen sehe ich im Gebüsch? Romeo mit einer blassen, englischen Discoqueen. Die hat er mit Sicherheit am Abend vorher aufgerissen.

Er hat natürlich alles abgestritten und mir Vorwürfe wegen Costa gemacht. So was Albernes. Na ja, wir haben jedenfalls die ganze Düne zusammengeschrien und noch vor Ort miteinander Schluss gemacht.

Ich habe das Apartment nachts bekommen, er morgens. Ich habe mich tagsüber mit Costa in den Dünen vergnügt, er sich im Darkroom mit seinem Briten.

Super Urlaub!"

Kaum irgendwo können Erwartung und Realität so weit auseinander liegen wie beim ersten gemeinsamen Urlaub. Du hoffst auf *Pretty Woman* in einer weißen Stretch-Limousine und bekommst *Indiana Jones* auf der Luftmatratze?

Besonders heikel ist es zu campen: Urlaub im Zelt ist der ultimative Härtetest für jede frische Beziehung. Im Zelt sind Rückzugsmöglichkeiten und verfügbare Privatsphäre gleich Null; Sex auf Isomatten ist nur etwas für Genießer – Insekten inklusive. Im Zelt gibt es nicht mal eine Wand, geschweige denn Porzellan, um es an ihr zu zertrümmern. Und wer schon einmal versucht hat, wütend eine dieser Papptüren von Campingplatz-Klohäuschen hinter sich ins Schloss zu schmeißen, weiß, wie lächerlich man sich damit macht, denn sie fliegen geradewegs wieder auf.

„Ihr seid auseinander? Das wurde auch Zeit!" Holger, einer von Romeos engsten Freunden, hatte das Gefühl, er müsse etwas Bestätigendes sagen. „Wenn ich bedenke, wie viel Stress du mit ihm hattest, kannst du froh sein, dass es endlich vorbei ist. War es denn so schlimm, dass du Schluss machen musstest?"

„Es war noch schlimmer", berichtete Romeo. „Tybalt wollte unbedingt nach Gran Canaria. Aber nicht etwa an den Strand, nein, er wollte in den Bergen zelten – ich wusste nicht mal, dass Inseln auch Berge haben können. Schon gar nicht, wenn es Wüsteninseln sind.

Wir waren noch nicht gelandet, da schwärmte er schon von den Hochlagen, der tollen Fernsicht und dem Auto, das wir uns mieten wollten. Dabei konnte ich aus dem Flieger noch nicht mal einen Baum erkennen.

Dann das Hotel, das er gebucht hatte: keine schwule Pension. Es war eine Trekking-Herberge, und zu essen gab es morgens Weißbrot, mittags und abends Reis. Außerdem läutete jeden Morgen eine Glocke, die die Abfahrt des Touringbusses ankündigte. Zum Glück kam ich meist erst nach der Abreise aus der Disco zurück."

Holger war nicht sicher, ob er Romeos Schilderungen mit einem Lächeln verfolgen sollte, entschied sich aber für einen mitleidigen Gesichtsausdruck.

„Tybalt war immer zum Sonnenaufgang am Strand", setzte Romeo seinen Bericht fort. „Also dachte ich mir, so schlecht kann das nicht sein und habe mich mit einem netten Engländer verabredet. Wir trafen uns in den Dünen und setzten uns in den Schatten eines Busches. Denn am Meer waren schon alle Sonnenschirme vermietet.

Und rate mal, wer da plötzlich auftauchte: Tybalt mit einem Muskel-spanier. Na, das habe ich mir natürlich nicht bieten lassen. Über unser Geschrei reden die wahrscheinlich heute noch.

Das nächste Mal haben wir uns erst am Flughafen getroffen und Plätze am entgegengesetzten Ende der Maschine gebucht.

Super Urlaub!"

Wenn Freunde zum ersten Mal zusammen in den Urlaub fuhren, stellte Holger immer eine Flasche guten Riesling kalt. Er wusste, die beiden würden sich entweder trennen, wenn das Wasser knöcheltief im Zelt stand, oder – weit weniger wahrscheinlich – sie würden ihn zu einem gemeinsamen Diaabend einladen. Der Riesling konnte also entweder als Mitbringsel dienen oder einer verheulten Nase Trost spenden.

Holger hatte festgestellt, dass Paare im Urlaub plötzlich zu erkennen glauben, wie ihr Freund wirklich sei. Völliger Unsinn: Sie erkennen ledig-lich, wie er in den Ferien ist. Wenn man sich allerdings wünscht, dass das Leben zu zweit wie ein einziger Urlaub sein sollte, kann man verstehen, wieso einige Beziehungen die Ferien nicht überleben.

Holgers Motto: Nach dem erfolgreichen ersten Urlaub kann man getrost in die Flitterwochen fahren – oder in eine gemeinsame Wohnung ziehen.

Urlaube sind deshalb problemanfällig, weil sie einem doppelten Er-wartungsdruck standhalten müssen. Da ist zum einen der Wunsch, eine harmonische, entspannende oder ereignisreiche Zeit mit dem Mann fürs Leben zu verbringen. Zum anderen erwartet man auch vom Urlaub an sich, dass er brillant werde; schließlich war er meist teuer. Erfüllt sich einer der beiden Punkte nicht, zieht das auch den anderen in Mitleiden-schaft.

Deshalb sollte man vor dem ersten Urlaub unbedingt über seine Er-wartungen reden und sie mit denen des Freundes abstimmen. Man soll-te versuchen festzustellen, welche Art von Urlaub der andere bevorzugt und welcher Urlaubstyp er ist. Da gibt es zum Beispiel:

a) den Marathon-Mann. Er kennt im Urlaub praktisch keine Freizeit und nur eine gute Freundin: die Sonne. Mit ihr möchte er täglich aufste-hen. Kein Pfad ist ihm zu steil, keine Ruine zu staubig, kein Teleobjek-tiv zu schwer.

b) den Fitness-Papst. Auch er ist ständig auf den Beinen, interessiert sich aber erst in zweiter Linie für Land und Leute. Er will Aktivurlaub: Wandern, Klettern, Radfahren ...

c) die Kulturtrine. Man erkennt sie an zweckmäßiger, bequemer Kleidung und dem Dumont-Kunstreiseführer unter dem Arm. Für den Besuch eines kulturellen Highlights lässt sie gerne etwas Schlaf oder eine Mahlzeit ausfallen.

d) Doktor No. Er beteiligt sich grundsätzlich an nichts, was jenseits der Hotelanlage passiert. Urlaub findet für ihn statt wie gebucht: am Pool – bestenfalls mit ein paar Abstechern in die Disco.

e) Lady Di. Sie nimmt zwar am kulturellen Leben ihrer Gastheimat teil, sehnt sich aber nur nach dem einen: Wellness, Beauty, Schönheit.

f) die Disco-Husche. Sie weiß selbst nach zwei Wochen Urlaub nicht, dass Playa del Inglés am Meer liegt, geschweige denn, dass Gran Canaria eine Insel ist (sie ist nachts geflogen). Dafür kennt sie schon am dritten Tag alle Speisekarten und jeden Kellner im Yumbo Center.

FAQ

„Gehören mein Freund und ich zur gleichen Kategorie?"

Schon möglich, schließlich habt ihr auch im Alltag (einige) gleiche Interessen. Wenn nicht, dann solltet ihr besonders ausführlich darüber reden, was ihr von eurem Urlaub erwartet. Romeo und Tybalt gehören zum Beispiel zwei grundverschiedenen Kategorien an. Wenn sie sich dessen bewusst sind, können sie viel Spaß im Urlaub haben. Sie sollten sich allerdings vorher darüber verständigen, was sie im Urlaub gerne machen möchten und worauf sie unter keinen Umständen verzichten wollen. Dann müssen gegebenenfalls Kompromisse gefunden werden.

Hat er Vorstellungen, die deinen Urlaub ernsthaft beeinträchtigen würden? Wiegt diese Beeinträchtigung schwerer als eine gewisse Zeit, die ihr im Urlaub nicht gemeinsam verbringt? Dann könnt ihr für ein paar Stunden oder einen Tag getrennte Wege gehen. Vielleicht kannst du in dieser Zeit etwas unternehmen, an dem er nur wenig Gefallen findet.

Eine Menge Streit lässt sich umgehen, wenn man vor der Buchung der Ferien detailliert über die Urlaubskasse redet. Denn die finanziellen Aspekte des Urlaubs enden nicht bei der Frage, wie viele Sterne das Hotel haben wird. Gönnt man sich vor Ort einen Mietwagen, fährt man Taxi oder Bahn und Bus? Werdet ihr dreimal am Tag essen gehen oder es euch mit einem Picknick aus dem Supermarkt in der freien Natur gut gehen lassen? Stehen teure Veranstaltungen auf dem Programm oder bleibt ihr am Hotelpool?

Tipp: Notiert euch zuerst unabhängig voneinander, wie viel der Urlaub insgesamt kosten darf und was ihr alles unternehmen wollt. Dann könnt ihr euch zusammensetzen und die Ausgaben addieren, die euch schon bekannt sind: Anreise, Unterkunft, eventuell Eintritte. So könnt ihr ständig vergleichen, inwieweit eure Vorstellungen übereinstimmen.

Diese Absprache hat außerdem den Vorteil, dass ihr eure eigenen Vorstellungen schon im Voraus an der Realität messen müsst. Das mindert unrealistische Erwartungen und steigert die Wahrscheinlichkeit, dass der Urlaub ein voller Erfolg wird.

Rudelurlaub

Ja, es handelt sich genau um das, woran du gerade denkst: Urlaub in der schwulen Gruppe. Jeder Urlaub in einer Gruppe, egal, ob mit Schwulen oder Heteros, bringt eine ganze Reihe von Unwägbarkeiten mit sich: Wo bilden sich Allianzen? Wer kann wen nicht leiden? Wer wird zum fünften Rad am Wagen? Und vieles mehr.

Doch der Urlaub in einem schwulen Rudel birgt noch eine weitere Tücke. Denn alle wollen nur das eine: Sex mit dem Leitwolf. Nehmen wir an, du bist das Alpha-Tier. Geil, wirst du sagen, zwei Zündkerzen lockern, deinen Mann (mit mäßigen Französisch-Kenntnissen) ins Stadtzentrum von Montpellier schicken und eine Reihenfolge für die Anwärter aufstellen.

Vielleicht rächt sich aber auch gerade jetzt dein exzellenter Männergeschmack, und das Rudel kürt deinen attraktiven Freund zum Leitwolf.

Bleibt noch die Variante, dass weder du noch er es auf den Platz des Leitwolfes schafft. Stattdessen hechelt ihr eurem Rudelführer gemeinsam hinterher. Eine besonders unerfreuliche Kombination, lauft ihr doch Gefahr, gemeinsam zu scheitern und euch lächerlich zu machen.

Du siehst, Urlaub mit „guten Freunden" birgt nur dann keine Gefahr, wenn sie sexuell für keinen von euch auch nur halbwegs infrage kommen oder ihr in Sachen Eifersucht wirklich abgebrüht seid. Denn zu den normalen Problemen, die die Treue mit sich bringen kann, kommt im Urlaub noch der Zeitdruck. Selbst wenn ihr eine offene Beziehung führt, heißt das nicht, dass ihr in einer Woche auch immer Gleichstand erzielen könnt.

FAQ

„Heißt das, wenn man in einer Beziehung ist, sollte man auf Urlaub mit Freunden ganz verzichten?"

Das heißt es natürlich nicht! Er muss ja nicht mitkommen. Finde doch einfach durch geschicktes Nachfragen heraus, für welche Urlaubsziele dein Gatte unter Garantie kein Geld ausgeben würde.

Selbstverständlich musst du deinen Freund trotzdem fragen, ob er nicht irgendwann mit dir den „Westfälischen Industrielehrpfad Schweinezucht" abwandern möchte. Wenn er nicht will, kannst du mit ruhigem Gewissen berichten, dass du den Weg am kommenden Wochenende mit einem guten Bekannten testen wirst.

Die beste Variante, seinen Wunsch nach einem Urlaub ohne den Partner zu realisieren, ist und bleibt natürlich das ehrliche Gespräch! Freiräume sind ein wichtiger Teil einer Beziehung – und das darf auch für den Urlaub gelten.

Eine besonders heimtückische Variante des Rudelurlaubes ist folgende: Ihr seid noch nicht allzu lange zusammen, und nun will er mit seinem schwulen Freundeskreis und dir in den Urlaub. Dann ist zu befürchten, dass er mit allen, wenn auch nicht zeitgleich, schon mal im Bett war.

Er hat mit seinen Freunden womöglich mehr gemeinsam als mit dir, schließlich kennt er sie wesentlich länger als dich.

Aber keine Angst. In dieser Konstellation hast du nicht die alleinige Niete gezogen. Denn seine Freunde werden keine Gelegenheit auslassen, mit einem dreckigen Grinsen davon zu erzählen, was dein Freund früher alles angestellt hat und auf welche zweifelhaften Charakterzüge das zurückzuführen ist. So hast du wenigstens auch deinen Spaß.

Das schwule Urlaubsziel

Ein schwules Urlaubsziel birgt ähnliche Gefahren wie der Urlaub im Rudel. Nur dass man sich häufig mitten in einer kopflosen Herde befindet, ohne Rangordnung, ohne Regeln und mit nur einem Ziel: der hemmungslosen Verbreitung von Körperflüssigkeiten.

FAQ

„Wir wohnen auf dem Land, fernab der schwulen Szene. Eigentlich wollten wir im Urlaub nach Mykonos fahren und mal so richtig Party machen. Ist das zu gefährlich für unsere Beziehung?"

Das hängt von euch beiden und von eurer Beziehung ab. Seid ihr treu oder sind Seitensprünge kein Problem? Wollt ihr miteinander alt werden oder seid ihr euch eurer Beziehung noch nicht ganz sicher? Redet vorher darüber, was ihr von eurem Urlaub erwartet. Werdet ihr in der Disco romantisch aufeinander glucken, tanzt jeder für sich, sucht ihr 'nen Dritten oder geht ihr unabhängig voneinander auf Beutefang? Falls eure Erwartungen nicht in Einklang zu bringen sind, werden auch Probleme im Urlaub wahrscheinlich.

Wenn es euch aber gelingt, einen Kompromiss zu finden, müsst ihr auf das schwule Urlaubsziel nicht verzichten. Vielleicht darfst du dich in den Dünen austoben, wenn du versprichst, die Nächte ausschließlich mit ihm zu verbringen. Vielleicht findet ihr eine bessere Alternative. Wenn sich aber trotz guten Willens keine Lösung abzeichnet, solltet ihr euch für den Anfang vielleicht für die Schwäbische Alb entscheiden.

Tipp: Im Urlaub stehen die Kerle Schlange, um mit dir die Sonne im Meer versinken zu sehen. Und nie erscheinen sie attraktiver als nach einer Woche Strand und Sonne. Viele Menschen neigen dazu, in solch einer Situation schwach zu werden, und tauschen den Schmetterling in der Hand gegen die Raupe auf dem Dach. Hat die sich dann zur Motte entpuppt, ist dein Falter wahrscheinlich längst über alle Berge.

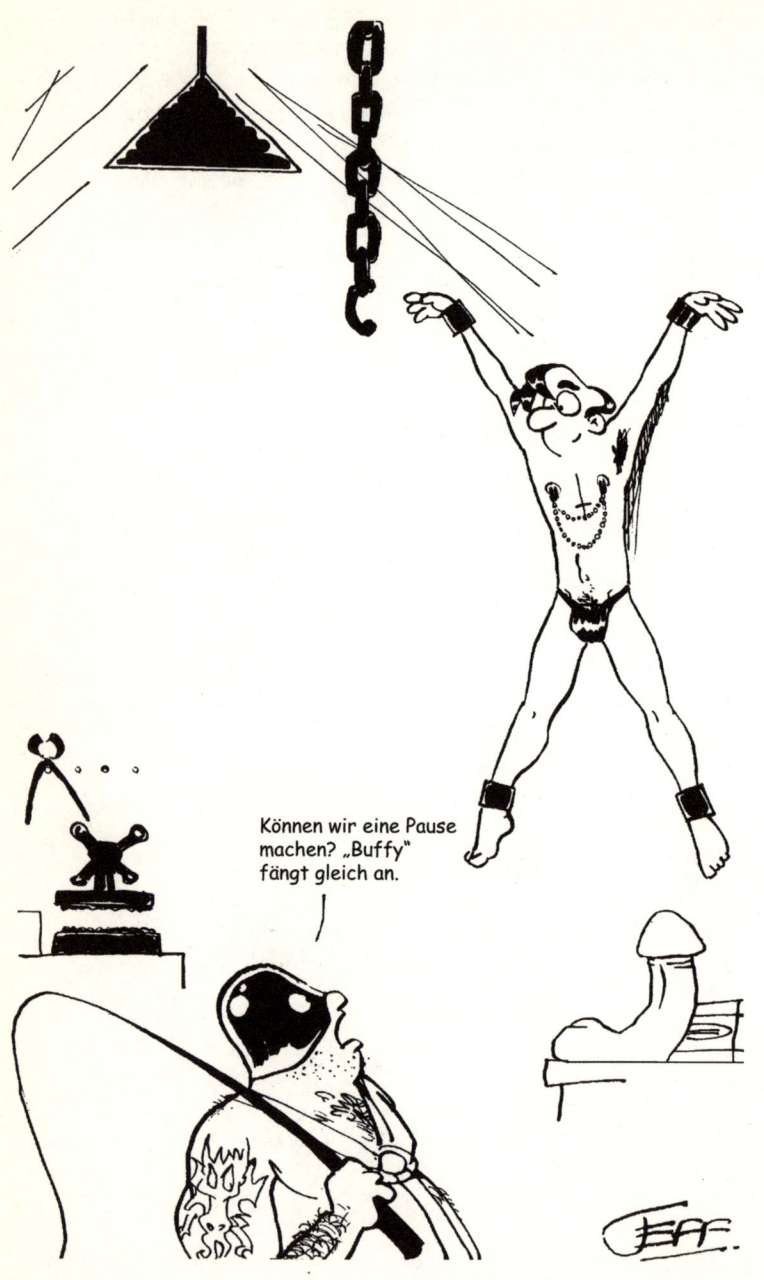

10. Kapitel

Der Beziehungsalltag

Es treten auf:
Romeo Montague
Tybalt Capulet
Julian Capulet
Robert und
Benni (die kleine Sahneschnitte)
William, der weißhaarige Schriftsteller

„Na, endlich …" Romeo hatte die schwere Eichentür des Anwesens aufgerissen. Er blinzelte in den kalten Schein des Blaulichts, das der Krankenwagen in den verregneten Hof warf. „Nun, machen Sie schon", fauchte er ungeduldig und zerrte einen der beiden Sanitäter hinter sich her durch die Eingangshalle und auf das Treppenhaus zu. „Mein Freund hat sich beim Schmieren eines Butterbrotes verletzt."

„Ihr Freund hat was?" Der Sanitäter blieb abrupt stehen. „Und deswegen rufen Sie einen Krankenwagen?"

„Na, da wollen wir doch mal sehen, ob wir helfen können", spottete sein Kollege und tänzelte betont affektiert an den beiden vorbei. „Ich bin sicher, dass wir ein Buttermesser in unserem Arztköfferchen haben."

„Sie können froh sein, dass ich gerade keines zur Hand habe", zischte Romeo und nahm seinen Weg wieder auf, den ersten Mann immer noch im Schlepptau. Er führte die beiden in seine Wohnung und durch das Wohnzimmer in die Küche. Dort lag Tybalt auf dem Boden, mit glasigen Augen und einem zwanzig Zentimeter langen Küchenmesser in der Hand. Sein Trägershirt klaffte an drei Stellen auseinander und gab den Blick auf einige übel blutende Stichwunden frei.

„Wie schmieren Sie denn Ihre Brote?", fragte der erste Sanitäter und ließ den Koffer sinken, den er gerade noch wie eine Damenhandtasche gehalten hatte. Sein Begleiter griff inzwischen nach seinem Handy und verständigte die Kollegen von der Kriminalpolizei.

Danach ging alles ganz schnell. Tybalt war noch nicht auf dem Weg ins Krankenhaus, da fand sich Romeo schon auf der Rückbank eines Einsatzwagens wieder. Blöde Frage – natürlich würden sie Romeos

Fingerabdrücke auf dem Messer finden; schließlich war es seine Küche. Aber das war doch kein Grund, eine Verbindung zwischen ihm und Tybalts Verletzungen zu ziehen.

Doch so sehr sich Romeo auch bemühte, die letzten Stunden zu bagatellisieren, ihm war klar, dass es für Daddy nicht leicht sein würde, ihn da wieder rauszuholen.

Ja, lieber Leser, es wird Zeit, der traurigen Wahrheit ins Auge zu sehen: Romeo und Tybalt haben sich seit dem gemeinsamen Urlaub nur noch einmal gesehen. Unter lautem Geschrei (und dem verhaltenen Beifall von Romeos Eltern am anderen Ende des Küchenaufzuges) versuchten sie das Trauma der vergangenen Ferien aufzuarbeiten. Dann machten sie sich an die Verteilung der gemeinsam erworbenen Habseligkeiten. Als es darum ging, wer den kleinen Art-déco-Aschenbecher behalten dürfe, beschloss Tybalt plötzlich, sich ein Brötchen zu schmieren – mit dem 20 Zentimeter langen Küchenmesser, das natürlich auch Romeos Fingerabdrücke trug. Zumindest schilderte Romeo so den Hergang der Ereignisse.

Tybalt sagte nichts. Seine Erinnerungslücken waren in etwa so groß wie das Schweigegeld, das von einem Montagueschen Firmenkonto auf sein Privatgirokonto überwiesen worden war. Da Tybalt beim Schmieren des Brötchen keine lebenswichtigen Organe verletzt hatte, wurde er bereits am folgenden Nachmittag entlassen. Und Romeo konnte nach einer Nacht in Untersuchungshaft wieder sein eigenes Bett beziehen.

Unabhängig voneinander beschlossen Tybalt und Romeo, die nächsten Jahre auf eine Beziehung zu verzichten, und machten sich schnurstracks auf den Weg zu Enrico beziehungsweise Julian.

„Es war doch von Anfang an abzusehen", wirst du jetzt vielleicht einwerfen, „dass das mit den beiden nicht klappen kann." Und womöglich wird dir dein Freund beipflichten. Schließlich hat er mal irgendwo gelesen, dass Romeo mit einem anderem, auf keinen Fall aber Tybalt, glücklich werden sollte.

Aber man muss bedenken, dass es Romeos erster Beziehungsversuch war. Und dafür hat er sich doch gar nicht schlecht geschlagen. Außerdem, und das ist viel wichtiger, hat er eine Menge über sich und über Beziehungen gelernt; darauf kommt es an! Die Wahrscheinlichkeit, dass es beim ersten Anlauf gleich ein Leben lang hält, ist sowieso nicht besonders hoch.

Und wie du im weiteren Verlauf sehen wirst, haben weder Romeo noch Tybalt aufgegeben, an ihr Glück zu glauben. Genau genommen kam die nächste Liebe sogar schneller, als die beiden erwartet hätten. Was uns die Gelegenheit gibt, auch von ihren weiteren Erfahrungen zu profitieren.

Die Beziehung bekannt machen

„Nun erzählen Sie doch einmal, mein lieber Romeo, was sich bei Ihnen seit unserem letzten Treffen so getan hat." Der englische Dichter hatte sich auf der Couch niedergelassen und auffordernd auf das freie Polster neben sich geklopft. Demonstrativ wählte Romeo den Sessel gegenüber. Er kannte William schon länger, weil der weißhaarige Literat jede Italienreise für ein Interview mit ihm nutzte. Es sei die Suche nach Inspiration für ein großes Stück über die Liebe, begründete William seine Besuche, die ihn immer wieder ins Haus der Montagues trieben. Inzwischen vermutete Romeo jedoch eher niedere Motive.

„Ach, wissen Sie, mein lieber William", antwortete Romeo hochnäsig, „da ist eigentlich nichts passiert. Ich habe mich in erster Linie um mein Studium gekümmert." Das war eine glatte Lüge. Romeo hatte die Uni seit seiner ersten Begegnung mit Tybalt nicht mehr von innen gesehen. Aber da er seine Beziehung mit Tybalt unterschlagen wollte und der Dichter die letzten Monate in England verbracht hatte, schien ihm die Geschichte plausibel.

Die Enttäuschung war dem Literaten ins Gesicht geschrieben. „Und Julian?"

„Nun ja – wie Sie wissen, ist eine Beziehung zwischen mir und einem Capulet geradezu undenkbar." Romeo lehnte sich zurück. Für ihn war das Interview damit beendet.

Aber der Dichter ließ nicht locker: „Ich habe gehört, es gab da ein – sagen wir mal – Familien übergreifendes Treffen? Tybalt Capulet und Sie?"

Romeo war entsetzt. Wie hatte diese Schlange das herausgefunden? „Das war eigentlich nichts", versuchte er zu beschwichtigen. „Tybalt ist ein typischer Capulet: aufbrausend, streitsüchtig, gewalttätig. Ich habe versucht ihn zu beruhigen."

„Großartig!", schmeichelte William. „In meinen Werken wird rationales, pazifistisches Verhalten stets belohnt!" Er ahnte: Jetzt hatte er

Romeo soweit, dass er reden würde. Also versuchte er es noch einmal mit seiner Frage: „Und Julian?"

Romeo wand sich wie unter Schmerzen. „Sie ahnen ja gar nicht, wie kompliziert das ist. Aber wenn wir dieses Ding kurz einmal ausschalten könnten." Romeo deutete auf das Diktiergerät, und sein Gegenüber schlug hastig auf die Stopptaste.

Und dann erzählte Romeo, unter dem Siegel der Verschwiegenheit, von seiner glücklichen, aber heimlichen Beziehung zu Julian Capulet: „Wir sind jetzt seit beinahe zwei Monaten geradezu unzertrennlich", flüsterte Romeo, um den Aspekt des Verbotenen zu unterstreichen. „Ich muss Sie bitten, das streng vertraulich zu behandeln. Meine Eltern würden mich umbringen, oder schlimmer noch, sogar enterben, wenn sie das erfahren."

Eifrig flog der Bleistift des Dichters über seinen Notizblock und stockte dann mitten im Satz. Was nutzte ihm eine Geschichte, die er nicht veröffentlichen durfte?

„Meinen Sie nicht", gab er zu bedenken, „dass Sie Ihre Eltern eines Tages sowieso in Ihr Geheimnis einweihen müssen?"

Die Frage, ob man eine Beziehung öffentlich bekannt geben sollte, hat viel mit dem Coming-out gemeinsam. Zuerst einmal geht es niemanden etwas an, wie oder mit wem man sein Leben verbringen möchte. Auf der anderen Seite gibt es aber nichts zu verstecken. Wer seinen Freund vor anderen verheimlicht, hinterlässt den Eindruck, er sei sich der Beziehung nicht sicher. Womöglich schäme er sich sogar.

Außerdem gibt es durchaus praktische Gründe, eine Beziehung nicht zu verheimlichen: Mit wem soll man sonst über Freud und Leid reden? Von wem kann man sich einen Ratschlag erbitten? Nun hatte Romeo durchaus wichtige Gründe, seine Beziehung zu Julian nicht an die große Glocke zu hängen. Aber wohin das führen würde, ist ja bekannt.

Tipp: Wenn einer von euch Probleme damit hat, zu eurer Beziehung zu stehen, könnt ihr für den Anfang erst einmal Taten den Vorzug geben. Zu deinen Eltern nimmst du ihn mit, und auf Partys und sonstigen Anlässen gewöhnt ihr eure Freunde langsam daran, dass ihr von nun an gemeinsam auftaucht. Auf konkrete Nachfragen müsst ihr jedoch die gleiche Antwort, nämlich ein „Ja", parat haben.

Das öffentliche Bekenntnis: Heirat

Wenn ein schwules Paar heiratet – oder genauer: sich für eine eingetragene Partnerschaft entscheidet –, kann den beiden niemand vorwerfen, es
ginge ihnen nur um steuerliche Vorteile. Im Gegensatz zu verheirateten
heterosexuellen Paaren in Deutschland genießen „Verpartnerte" das
Ehegatten-Splitting und auch weitere Vorteile nicht.

Den meisten Schwulen, die sich für die eingetragene Partnerschaft
entscheiden, geht es in erster Linie um das öffentliche Bekenntnis. Die
Zeremonie im entsprechenden Rahmen, im Zusammenhang mit einem
Fest oder einer Reise, besiegelt das gegenseitige Versprechen, gemeinsam zu leben.

Ein Versprechen, das man sich durchaus auch ohne Partnerschaftsver-
trag geben kann. In einer „eheähnlichen Gemeinschaft ohne Eheschlie-
ßung", dem so genannten Konkubinat, können einzelne Verträge viel von
dem regeln, was eine eingetragene Partnerschaft an Rechtssicherheit mit
sich bringt. Mit einer Vollmacht kann der Partner beispielsweise einge-
schriebene Sendungen der Post annehmen, in der Lebensversicherung
kann man sich gegenseitig begünstigen und mit einem Testament lässt
sich regeln, was im Todesfall mit dem Besitz passieren soll.

Im Zweifelsfall empfiehlt sich ein Gespräch mit einem Rechtsanwalt
oder einer Beratungsstelle.

Tipp: In den Beratungsstellen für Schwule und Lesben kann man auch
erfahren, welche Kirchengemeinden einen festlichen Akt für homosexu-
elle Paare als „Ersatz" für eine kirchliche Trauung anbieten. Denn auch
viele Schwule und Lesben haben den Wunsch, ein Versprechen vor Gott
abzulegen und damit die Verbundenheit mit ihrem Glauben auszudrü-
cken.

Die Frage, ob sich eine wilde Ehe durch eine Heirat zähmen lässt, wurde
in einigen Gebieten Europas übrigens noch in jüngster Vergangenheit
mit „Ja" beantwortet. In der Schweiz gab es zum Beispiel bis in die Sieb-
ziger-Jahre Kantone mit offiziellen Konkubinatsverboten.

Aber kommen wir zurück aus der Schweiz zu unserer Geschichte:
Während sich Romeo und Julian noch mit ihrem familiären Konkubi-
natsverbot beschäftigten, waren Tybalt und Enrico schon einen Schritt
weiter.

Die gemeinsame Wohnung

„Wo ist eigentlich mein blaues Schuhschränkchen abgeblieben?"

„Äh … Moment, hier. Es steht in der Kammer. Und die Waschma-schine …" Tybalt versuchte vergeblich das Thema zu wechseln.

„In der Abstellkammer? Ich glaub, ich spinne. Oh nein, mein Lieber. Wir werden jetzt das blaue Schränkchen ins Wohnzimmer schieben und dafür deine Kommode in die …" Enrico stockte.

„Passt nicht", triumphierte Tybalt. „Zu breit für die Kammer. Aber es soll nicht heißen, ich wäre nicht kompromissfähig. Was hältst du davon, wenn wir die Garderobe in die Kammer stellen? Wo ist die überhaupt?"

„Weiß nicht," log Enrico ungeschickt.

„Was heißt hier, weiß nicht? Die muss doch irgendwo rumfliegen." Tybalt wühlte hektisch in den Papieren auf dem Wohnzimmertisch. Dann folgte ein erstickter Schrei. „Du hast deine Zigarette darauf aus-gedrückt. Hast wohl gedacht, ich vergesse die Garderobe, wenn du sie abfackelst? Aber nicht mit mir! Nicht mit mir, mein Lieber. Und wenn ich sie festkleben muss."

Tybalt schnappte sich das Millimeterpapier und die Schere und pro-duzierte mit zwei schnellen Schnitten eine neue Garderobe, die er mit Spucke befeuchtete und auf den Wohnungsgrundriss klebte – genau in den Eingangsbereich.

Enrico rollte mit den Augen. „Tybalt, die ist echt hässlich. Sieh mal, wir stellen meinen Schuhschrank in die Kammer. Und dafür werfen wir dieses Monstrum in den Müll. Einverstanden?"

Tybalt war nicht einverstanden. Bei seiner Garderobe, einem von innen beleuchteten Möbelstück aus den frühen Sechzigern, kannte er kein Erbarmen. Unglücklicherweise rutschte Enrico das gute Stück während des Umzuges in die gemeinsame Wohnung aus der Hand und eine halbe Etage im Treppenhaus herab. „Deutsche Wertarbeit", dachte Enrico, als es sich bei der Talfahrt nicht einmal eine Schramme zuzog, und sprang in hohem Bogen auf die verspiegelte Rückfront. Danach klemmte er sich zwei vorbereitete Zwiebelscheibchen unter die Augenlieder und lief heulend zu Tybalt, um ihm sein Ungeschick zu beichten.

Tybalt verzieh ihm großmütig. Etwas zu großmütig, fand Enrico. Geradezu verdächtig großmütig. Aber wahrscheinlich wollte Tybalt ihn einfach nur nicht mit Streit belasten, wo doch Enricos blaues

Schuhschränkchen beim Ausladen aus dem Transporter einfach in sich zusammengefallen war.

Du siehst, lieber Leser, gerade beim Einzug in die gemeinsame Wohnung lösen sich manche Streitpunkte sozusagen von allein, ganz ohne menschliches Zutun. Andere hingegen verlangen nach echtem Einsatz und wahrer Kompromissbereitschaft.

Benni und Robert hielten die Chancen für eine rasche Einigung zwischen den Konfliktparteien im Nahen Osten für äußerst gering. Ähnlich optimistisch waren sie, wenn es um die Wahrscheinlichkeit ging, dass Tybalt und Enrico gemeinsam ein begrenztes Territorium bewohnen könnten.

Es begann schon am Tag des Umzuges, als Tybalt paralysiert vor einer Nudel erstarrte, die an der Küchentür klebte. Das sei nicht irgendeine Nudel, erklärte Enrico lehrmeisterhaft, sondern eine Spaghetti. Und sie klebe an der Tür, um anzuzeigen, dass sie al dente sei. Sie war nicht die erste, die er durch die Küche geschleudert hatte, aber sie war die erste, die nicht zu Boden gefallen war. Tybalt stand gerade mit seinen Socken in den vorangegangenen Probeläufen.

Aber auch Enrico hatte zu leiden: Er fand seine Tupperschalen im Biomüll, seine elektrischen Küchengeräte samt Zubehör im Weiß- und Buntglas-Container und seine Gewürze im Eimer für den Verpackungsmüll. Nicht dass Tybalt Enricos Haushalt hätte entsorgen wollen. Der Sinn der verschiedenen Tonnen hatte sich ihm einfach nicht erschlossen. „Müll kann man nicht trennen", war seine Devise. „Denn Müll hat nur eine Silbe."

Wenn Tybalt seine Küche aufräumte – einen Vorgang, den er gerne mit der Wahl eines neuen Papstes zusammenlegte –, dann landete alles, was kleiner war als ein Hocker, in einem großen blauen Sack.

„So kann ich nicht leben", wurde von Freunden der beiden zum Spruch der jungen Wohngemeinschaft gekürt. Beinahe täglich rechnete man mit einem Selbstmordattentat unter der Dunstabzugshaube.

Die Wende kam an einem Abend vollendeter Harmonie und unter Mitwirkung von Robert und Benni zustande. Tybalt und Enrico ließen sich davon überzeugen, im Streitfall immer diskussionslos den höheren Anspruch zu akzeptieren. Denn im Zweifel sollte man sich nach dem richten, den der schlechtere Standard stört.

Dazu muss man ein Problem zuerst eindeutig benennen können. Geht es um Fragen der Sauberkeit, um Pünktlichkeit oder fällt euer Streit unter einen anderen Oberbegriff. Wenn ihr diesen Punkt geklärt habt, ist auch die Frage, wer von euch die höheren Ansprüche hat, leicht zu beantworten. Da Tybalt nur schwer mit, Enrico aber leicht ohne Pasta an der Küchentür leben konnte, wurden fliegende Nudeln gestrichen. Tybalts höhere Ansprüche in Punkto Sauberkeit gingen vor. Für Enrico war die getrennte Sammlung des Abfalls ein wichtiger Beitrag zum Umweltschutz, also musste sich sein Freund dem beugen.

FAQ

„Endlich Sex! Morgens, mittags, abends. Keine umständlichen Verabredungen mehr, keine langen Anfahrtswege. Damit hatten wir gerechnet, als wir uns für die gemeinsame Wohnung entschieden. Wie kommt es, dass unser Sexleben schon nach kurzer Zeit den Bach runtergegangen und er nicht mehr so scharf auf mich ist wie früher?"

Mit dem Zusammenziehen geht oft ein Nachlassen der sexuellen Attraktivität einher. Das kann an einer Entzauberung des Umfeldes liegen. Denn neuerdings ist das (gemeinsame) Bett nicht immer gemacht und frisch bezogen. Im Schlafzimmer stehen keine Blumen mehr, und du musst nur eure Schublade mit der Unterwäsche aufmachen, um zu sehen, dass er auch echte Liebestöter besitzt.

Außerdem – und das wirkt meist noch verheerender – lernst du ihn womöglich erst jetzt in seiner Rund-um-die-Uhr-Version kennen: morgens Stoppeln und Mundgeruch, abends Dreck unter den Fingernägeln. Und wenn er sich die Zähne putzt, läuft ihm der Schaum bis zum Kehlkopf. Früher war das Bad geputzt, wenn du zu Besuch kamst; heute kleben Zahnpastafetzen im gemeinsamen Waschbecken.

Die täglichen Rituale der Körperpflege können echt abtörnen – und das übergreifend auf andere Bereiche. Denn wir neigen dazu, Eindrücke zu verallgemeinern, Stoppeln und Mundgeruch auch dann nicht zu vergessen, wenn er frisch rasiert und gestriegelt zu uns ins Liebesnest steigt.

Auch er erlebt dich erst jetzt in voller Realität, mit all deinen schlechten Angewohnheiten. Du musst dich also nicht wundern, wenn auch sein sexuelles Verlangen nach dir nachlässt. Wie du bei längeren Telefonaten gedankenversunken mit der Hand in der

Unterhose auf dem Sofa rumlungerst, findet er vielleicht echt ekelhaft. Hast du das früher auch gemacht, wenn ihr miteinander telefoniert habt?

Für das Nachlassen der sexuellen Attraktivität nach dem Einzug in die gemeinsame Wohnung sind zum einen Dinge verantwortlich, die man nicht ändern kann. Dazu gehören morgendlicher Mundgeruch und die Bartstoppeln vor dem Aufstehen. Daran musst du dich leider gewöhnen. Dein Freund ist schließlich auch nur ein Mensch, den du in vielerlei Hinsicht respektieren musst, wie er ist.

Es gibt aber auch Faktoren, an denen man arbeiten kann. Bis zum Frühstück kannst du dich rasiert und dir die Zähne geputzt haben. Und über Dinge, die dich an deinem Partner stören, kannst du mit ihm reden. Gemeinsam werdet ihr bestimmt eine Lösung finden.

Finanzen

Damit wäre das also geklärt: Du lässt die Finger beim Telefonieren künftig aus der Hose, und seine Liebestöter kommen in den Müll. Und um euch zu beweisen, dass euch solche Kleinigkeiten nicht aus der Bahn und schon gar nicht aus der gemeinsamen Wohnung werfen können, geht ihr zusammen neue Unterwäsche kaufen.

Aber wer bezahlt?

Glaubt man den Umfragen, so streiten sich Partner über nichts so häufig wie über Geld. „Deine Unterhosen waren scheußlich. Es ging nicht ohne neue, also zahlst du!" Contra: „Die waren noch voll funktionstüchtig. Du wolltest, dass ich neue kaufe. Ich sehe gar nicht ein zu bezahlen."

Tipp: Auch bei relativ kleinen oder mittleren Beträgen sollte man vor dem Kauf eine Einigung erzielen. Entweder er will euer Liebesleben aufbessern, kauft freiwillig neue Unterwäsche und freut sich, wenn du ihn dabei begleitest, oder du beschließt, ihm Ersatz für seine Liebestöter zu schenken. Natürlich kann man sich vorher auch auf eine gemeinsame Finanzierung verständigen.

Eine gemeinsame Finanzierung von Unterwäsche, Küchengerät, Urlaub oder Ähnlichem muss jedoch nicht bedeuten, dass jeder genau die Hälfte trägt. Abhängig von euren finanziellen Möglichkeiten ist auch jede andere Verteilung denkbar. Schließlich ist es nicht ausgeschlossen, dass ihr über einen unterschiedlichen finanziellen Hintergrund verfügt.

Nehmen wir zum Beispiel das Modell Romeo und Tybalt: Der eine hat Geld genug, der andere keines. Würden die beiden einen Geschirrspüler kaufen, könnte Tybalt maximal 20 Prozent dazu beisteuern. Dann sollten die beiden vorher klären, ob ihnen das Gerät trotzdem zur Hälfte gehört. Denn gemessen an ihren finanziellen Möglichkeiten haben beide den selben Beitrag zum Kauf beigesteuert. Viele Paare regeln auf diese Weise auch die Mietzahlungen für ihre gemeinsame Wohnung. Die Miete wird so verteilt, dass beide den gleichen Prozentsatz ihres Einkommens bezahlen. Sollte sich ein deutlicher Unterschied ergeben, kann der Finanzstärkere zum Beispiel ein eigenes Arbeitszimmer zugesprochen bekommen.

Man sollte glauben, im Modell Romeo und Julian stellten sich solche Probleme nicht. Aber weit gefehlt: Obwohl beide nur schnell an Daddys Portokasse huschen müssen, um sich jeden Wunsch zu erfüllen, sind Finanzen oft ein Streitthema. Wer viel Geld hat, der hütet es meist auch. Wenn ihr beide in diese Kategorie fallt und euch zu häufig über Ausgaben streitet, ist Folgendes zu empfehlen: Finanziert größere Anschaffungen nicht gemeinsam, sondern nacheinander. Er kauft den Kühlschrank, du den Geschirrspüler. Im Falle einer Trennung ist dann auch automatisch klar, wer was aus dem ehemals gemeinsamen Haushalt tragen (lassen) darf.

Als Paar verkörpern Tybalt und Enrico das unter finanziellen Gesichtspunkten oftmals harmonischste Modell: Beide haben kein Geld. Damit wissen aber auch beide, wie schwer es dem anderen fällt, welches auszugeben. Die Stärke solcher Beziehungen kann darin liegen, Anschaffungen, deren Finanzierung und die daraus resultierenden Besitzverhältnisse genau zu besprechen.

FAQ

„Ich finde es albern, vorher jede Anschaffung und ihre Bedeutung für den privaten oder gemeinsamen Besitz auszudiskutieren! Wieso sollte es nicht auch ohne gehen?"

Es geht auch ohne, oft jahrelang. Aber wenn einer von euch irgendwann das Gefühl bekommt, deutlich mehr in die Beziehung zu investieren, könnt ihr völlig unvorbereitet in Unzufriedenheit und eine ernste Krise rasseln.

Heerscharen von Anwälten und Scheidungsrichtern wären arbeitslos, wenn Ehepaare sich rechtzeitig Gedanken über die Bedeutung ihres gemeinsamen Besitzes gemacht hätten.

Wer Übung darin hat, mit seinem Partner über Geld zu reden, dem fällt es auch leichter, Unstimmigkeiten schon in einem frühen Stadium auf den Tisch zu bringen. Sind seine Augen zum Beispiel größer als euer beider Portemonnaie, so muss das angesprochen werden.

Denn sonst besteht die Gefahr, dass er am Ende der schwarzen Zahlen mit dem nächstbesten Betriebswirt durchbrennt. Dir bleibt dann nur die Hoffnung, dass Künstler und Banker nie miteinander glücklich werden können.

Haustiere

„Romeo?"

„Hm?"

„Was hältst du davon …", Julian machte eine Pause, als hätte er den zweiten Teil des Satzes noch nicht zu Ende gedacht.

Romeo rechnete mit etwas wie „wenn wir heute Abend ins Kino gehen" und wendete sich vorerst wieder der Fernsehzeitschrift zu.

„Ich fände es schön, wenn wir …", begann Julian den Satz neu. Er war der Meinung, das klänge spontaner. Dabei war seine Gesprächsstrategie das Ergebnis stundenlanger Feinstarbeit. „Wollen wir nicht ein Kind adoptieren?"

„Wie bitte?" Romeo hoffte, das könne nur ein Scherz sein.

„Wollen wir nicht …", wiederholte Julian brav.

„Ja", fiel ihm Romeo barsch ins Wort. „Das wollen wir nicht! Mit Sicherheit nicht."

„Wieso nicht? Kinder machen Freude."

„Kinder machen Dreck."

„Kinder sind total süß."

„Kinder schreien 24 Stunden, rund um die Uhr."

Julian wechselte die Strategie: „Aber ich hätte so gerne ein Kind."

„Okay, aber nicht mit mir!"

Nun hatte Julian seinen Freund dort, wo er ihn haben wollte. Nach so viel kategorischer Ablehnung musste Romeo einer kleinen Lösung, dem goldenen Kompromiss, zustimmen. Also setzte Julian den von langer Hand geplanten Dolch seiner Gesprächsstrategie an und stach zu: „Na gut. Aber dann kaufen wir wenigstens einen Hund."

Mit der strikten Ablehnung jedes Kinderwunsches ist Romeo in der schwulen Szene nicht allein, Julian mit dem Verlangen nach einem Haustier jedoch auch nicht. Tiere sind für viele die Light-Variante eines Adoptivkindes. Was sie gerne dadurch bekunden, dass sie sich selbst im ausführlichen Zwiegespräch mit ihrem Hund als „Vati" bezeichnen oder ihrem Kater argumentativ darlegen, wieso es sich nicht ziemt, die Familie mit seinem Fehlverhalten zu diskreditieren. Wenn Pluto & Co dann den Kopf zur Seite legen und geduldig lauschen, schlägt das stolze Elternherz höher.

FAQ

„Mein Freund hatte seinen Hund schon vor mir. Und der schläft nun immer auf meiner Seite des Bettes. Ist das ein Kinderersatz?"

Das ist womöglich etwas anderes: Wenn dein Freund seinen Hund nicht aus einer anderen Beziehung mitgebracht hat, besteht die Gefahr, dass das Tier auch als Beziehungsersatz herhalten musste. Das kann man daran erkennen, dass der Hund die Privilegien eines Partners genießt. Frühstücken die beiden zusammen? Sehen sie gemeinsam auf der Zweiercouch fern? Sind die Hundehaare auch unter der Bettdecke?

Dann wirst du vielleicht einen schweren Stand haben. Nicht nur, weil du dir einen Teil von Sofa, Bett und Frühstückstisch erkämpfen musst. Du musst auch dem Vergleich standhalten. Es ist nicht ganz leicht, weniger zu schnarchen als ein Dalmatiner, morgens weniger zu plappern als eine Europäische Kurzhaarkatze oder beim *Tatort* seltener das Ende zu verraten als eine Hausratte.

Wenn es Dinge gibt, mit denen du nicht leben kannst, solltest du das von Anfang an klarstellen. Es ist keine Schande, Tiere im Bett unangenehm zu finden oder seine Dogge nicht in deiner Wohnung haben zu wollen – auch wenn er das anders sehen wird.

Falls ihr euch gemeinsam ein Tier zulegen wollt, müssen diese Punkte im Voraus geklärt werden. Was darf es, wo sind die Tabuzonen? Wer ist für welchen Teil der Pflege zuständig, und wie soll das Tier erzogen werden?

Tipp: Wenn es um die Erziehung eines Haustieres geht, treffen viele Punkte zu, die man auch bei einem eigenen Kind beachten muss. Bevor ihr euch für Familienzuwachs auf zwei bis vier Beinen entscheidet, solltet ihr deshalb auch Kapitel 11 lesen.

Eigene Kinder

Im Gegensatz zu Tieren haben Kinder einen unschätzbaren Vorteil: Man wird keine Allergie gegen sie entwickeln. Ganz im Gegensatz zu Katzen, Hunden oder anderen Haustieren, auf die viele Menschen nach einigen Jahren überempfindlich reagieren. Aber Kinder haben auch Nachteile im Vergleich zum Kinderersatz mit Ganzkörperfell.

a) Die Wahrscheinlichkeit, dass echte Kinder euch überleben, ist hoch; einmal Vater, immer Vater.

b) Auch bei ernsten gesundheitlichen Komplikationen oder stark aggressivem Verhalten kann man Kinder nicht einfach zurückgeben. Es ist das Privileg der Haustierbesitzer, Problemfälle einfach einzuschläfern.

c) Kinder verlangen nach einer Rund-um-die-Uhr-Betreuung. Wer bisher nur Übung mit Aquarien und elektrischen Futterautomaten hat, wird sich umstellen müssen.

d) Kinder lernen nicht nur zu sprechen, sie beginnen auch irgendwann, ihren Eltern zu widersprechen.

Aus biologischen Gründen wird es schwulen Paaren schwer fallen, durch reine Unachtsamkeit ein Kind zu zeugen. Man kann deshalb davon ausgehen, dass die Punkte a) bis d) vor der Einleitung konkreter Maßnahmen gut durchdacht wurden.

Doch dann steht das Paar vor dem nächsten Problem: Soll ein Kind adoptiert werden, oder wird ein leibliches Kind gewünscht? Dabei geht es um die Frage, was die Eltern in erster Linie von sich weitergeben möchten: ihr Erbgut oder ihre Wertvorstellungen.

Harald und Holger haben sich für ein eigenes Kind entschieden. Harald wäre gern leiblicher Vater; sein Kind soll seine Augen haben. Er hat sich deshalb schon vor Jahren auf die Suche nach einer Mutter mit ähnlichem Interesse gemacht. Schließlich haben lesbische Paare mit Kinderwunsch ein ganz ähnliches Problem.

Harald hat sich in den schwulen Beratungsstellen nach Selbsthilfegruppen und Kontaktadressen erkundigt. Er hat Anzeigen in Szenemagazinen geschaltet und den Kontakt zu schwulen und lesbischen Eltern gesucht. Er weiß, dass sich sein Kinderwunsch nicht übers Knie brechen lässt, und geht die Suche deshalb mit viel Geduld und Gelassenheit an.

Holger wäre ebenfalls gerne Vater. Er legt allerdings keinen besonderen Wert darauf, dass es sich dabei um sein leibliches Kind handelt. Für ihn ist es wichtig, seine Fähigkeiten, seine Liebe, sein Wissen, seine Erfahrung und letztlich auch sein weltliches Erbe an einen Nachkommen weiterzugeben. Deshalb hat auch er sich beraten lassen, jedoch in erster Linie über die Rechtslage einer Adoption, die sich im Zuge der Partnerschaftsgesetze künftig noch ändern könnte.

Auch Robert hatte neulich einen Kinderwunsch geäußert, der bei seinem Freund allerdings auf wenig Gegenliebe stieß. Denn Benni weiß, dass der Wunsch nach Kindern oft dadurch genährt wird, dass man im Beruf nicht das erreicht, was man sich erhoffte. Ein Begehren, das daher auf wackeligen Beinen steht. Denn Kinder zu bekommen ist ein irreversibler Vorgang; die beruflichen Aussichten können sich jedoch schnell verbessern. Robert könnte einen guten Job finden; ein Kind kann er aber nicht zurückgeben.

Wenn beide Partner arbeiten, stellt sich die Frage, wie die Verantwortung für die Betreuung des Kindes verteilt werden soll. Übernimmt einer den größeren Teil und beeinträchtigt damit seine Karriere? Oder reduzieren beide ihre Arbeitsstunden, um mehr Zeit in den Nachwuchs investieren zu können?

FAQ

„Mein Freund hat einen Sohn aus einer heterosexuellen Ehe, der fast ausschließlich bei uns wohnt. Unsere Rollen sind klassisch verteilt: Ich verdiene das Geld, er kümmert sich um das Kind und den Haushalt. Kann er trotzdem verlangen, dass ich regelmäßig allein auf das Kind aufpasse?"

Ihr habt nicht nur die Rollen klassisch verteilt, du hast auch recht altmodische Vorstellungen von der Hausarbeit. Sich um Kinder und Haushalt zu kümmern ist eine Vollzeitbeschäftigung. Natürlich gibt derjenige, der diesen Part übernimmt, nicht automatisch seine Ansprüche auf Freizeit ab. Wenn du nach der Arbeit Dinge allein unternehmen darfst, hat auch er das Recht dazu.

Eine wichtige Voraussetzung für die Gründung einer Familie ist die Fähigkeit beider Partner, gleichzeitig eine starke Bindung zu mehreren Personen aufzubauen. Darüber hinaus muss man bereit sein, solche Bindungen beim Partner zu dulden. Denn Familienzuwachs bedeutet auch, dass man die Zeit, die Aufmerksamkeit und wahrscheinlich sogar die Liebe des Freundes in Zukunft teilen muss.

Jedes Kind ist ein neuer Faktor, der eine Beziehung grundlegend verändert. Anfangs schweißen Kinder ein Paar zusammen. Es gibt ein Ziel, eine neue Aufgabe, um die man sich gemeinsam kümmert. Im späteren Verlauf führt das Kind aber nicht selten zu Schwierigkeiten in der Beziehung. Denn wenn es um die Erziehung geht, werden unterschiedliche Wertvorstellungen der Eltern besonders offensichtlich. Das kann sich schon darin äußern, dass sich die Partner nicht oder nur schwer darauf einigen können, welcher Religion oder Konfession der Nachwuchs angehören soll.

Tipp: Im Laufe der Zeit hast du gelernt, dass die Norm- und Wertvorstellungen deines Freundes in einigen Punkten von deinen abweichen. In eurem Zusammenleben sind diese Unterschiede inzwischen unproblematisch.

Bei der Erziehung eines Kindes können sich abweichende Ansichten aber wieder zu einem Stolperstein entwickeln. Schließlich geht es darum, welche Werte dem Nachwuchs vermittelt werden – deine, die deines Freundes oder eine Mischung aus beiden? Deshalb solltet ihr bereits im Voraus gemeinsame Erziehungsziele aufstellen.

FAQ

„Das klingt so kompliziert. Sollte ich meinen Kinderwunsch unterdrücken?"

Nein, ganz im Gegenteil. Dein Kinderwunsch ist unter Gesichtspunkten der Evolution ein Arterhaltungstrieb, den du womöglich sowieso nicht dauerhaft unterdrücken kannst. Denk deshalb an die schönen Seiten der Kindererziehung: Auch an verregneten Sonntagen wird depressive Stille der Vergangenheit angehören. Stolz wirst du erleben, welche Fortschritte dein Kind macht, und zufrieden wirst du sehen, was es alles lernen kann: lachen, sprechen, laufen, abspülen oder den Rasen mähen.

Wenn schwule oder lesbische Paare Kinder aufziehen, hat das auch eine gesellschaftliche Bedeutung: Sie wischen der katholischen Kirche so richtig eins aus. Denn die verweigert homosexuellen Paaren die Ehe, mit der Begründung, sie sei eine Gemeinschaft, die der Aufzucht von Nachwuchs zu dienen habe. Gleichzeitig verschließt die Kirche heterosexuellen Menschen ohne Kinderwunsch oder jenen in einem Alter jenseits der Gebär- und Zeugungsfähigkeit das Sakrament der Ehe nicht – homosexuellen Paaren unabhängig von einem Kinderwunsch jedoch kategorisch.

Die Fernbeziehung

„Suuuper, 'ne Tanzmaus!" Robert stierte in das kleine Terrarium, das er soeben von Unmengen Geschenkpapier und einer riesigen Schleife befreit hatte. Er packte das hektische Wesen am nackten Schwanz und zog es in die Höhe. Selbst ohne Bodenkontakt drehte es sich noch immer im Kreis. „So was habe ich mir ja schon immer nicht gewünscht."

„Damit du dich nicht so allein fühlst", antwortete Benni, die kleine Sahneschnitte, mit wässrigen Augen, ohne die Ironie in Roberts Worten wahrzunehmen.

„Sehr witzig." Robert versuchte, die Bewegung der hängenden Maus an der Scheibe des Terrariums zu bremsen. „Ich habe sehr wohl verstanden, dass du kein Kind willst. Eine Maus ist da bestimmt nicht der passende Ersatz."

„Damit du dich nicht so allein fühlst", wiederholte Benni. „Ohne mich."

Die beiden wussten schon lange, dass dieser Tag jederzeit kommen konnte: Der Tag, an dem Benni versetzt werden würde. Es war die nächste, logische Stufe auf seiner steilen Karriereleiter. Und nun war es soweit. Benni musste nach Venedig. Man hatte ihm die Stelle des stellvertretenden Geschäftsleiters der dortigen Filiale angeboten.

„Und was wird dann aus uns?", fragte Robert zu Recht. „Wir können doch hier nicht einfach alles aufgeben."

Das war auch nicht in Bennis Sinn. Er wollte zuerst die sechsmonatige Probezeit abwarten. Dann, so hoffte er, würde er entscheiden können, ob er in Venedig leben wollte. Die beiden beschlossen, in dieser Zeit das Defizit der maroden Staatsbahn mitzufinanzieren und zu testen, wie sie mit der Situation zurechtkommen würden.

Venedig war nicht gerade Roberts Traumziel; er kannte die Stadt kaum. Trotzdem willigte er ein, sich die nächsten Monate vorurteilsfrei darauf einzulassen. Vielleicht würde sie ihm mit der Zeit gefallen. Denn für die beiden war klar, eine Fernbeziehung käme für sie auf Dauer nicht in Frage. Da Robert mit seinem Job nicht glücklich war, hatte er bei einem Umzug weniger zu verlieren. Und Benni würde genug verdienen, um sie beide erst einmal zu finanzieren. Womöglich wäre Venedig sogar die Lösung für Roberts Wunsch nach Kindern.

Das Problem in Stufen zu zerlegen war ein geschickter Zug der beiden. So musste keiner sofort eine endgültige Entscheidung treffen. Benni hätte den Versuch jederzeit abbrechen und zurückkehren können, und Robert hatte die Möglichkeit, sich langsam an die neuen Umstände zu gewöhnen.

Manchmal hilft es schon, sich an die Definition der „Wochenendbeziehung" zu klammern. Wenn die Entfernung es zulässt, kann man vereinbaren, dass man sich jedes Wochenende abwechselnd besucht.

Das klingt zwar nicht so romantisch wie Fernbeziehung, birgt aber eine weit höhere Verbindlichkeit. Und Konstanten spielen in vielen Beziehungen eine wichtige Rolle: der gemeinsame Feierabend, Sport oder Spieleabende mit Freunden. In der Regelmäßigkeit einer Wochenendbeziehung können zumindest Bruchstücke davon aufrechterhalten werden.

Tipp: Leider ist die Lösung nicht immer so einfach: Zum Beispiel, wenn beide eine Arbeit haben, die sie nicht aufgeben wollen. Trotzdem sollten sie darauf verzichten, eine sofortige Lösung zu erzwingen. Denn dieser Versuch endet oft in Streit und einer Verhärtung der Fronten. Wenn einer diesem Druck widerwillig nachgeben muss, kann er dem anderen noch lange die Schuld für die vergebene Chance seiner beruflichen Weiterentwicklung geben.

Viele Fernbeziehungen entstehen in der Ferne: im Urlaub oder auf Geschäftsreisen – im Verhältnis zu der wenigen Zeit, die man pro Jahr im Urlaub verbringt, sogar überdurchschnittlich viele. Das hat verschiedene Gründe.

Erstens macht Urlaub läufig. Wer den ganzen Tag am Strand oder in der Natur verbringt, ist abends von der Sonne so aufgeheizt, dass er kaum weiß, wohin mit seinen Hormonen. Unter diesem Druck fällt es leichter, andere Kerle anzusprechen. Weil es den anderen ebenso geht, verstärkt sich der Effekt.

Zweitens verbringt man gerade an den einschlägigen Urlaubszielen weit mehr Zeit unter anderen schwulen Männern als in einer durchschnittlichen Woche.

Drittens ist der psychologische Druck, in den Ferien sexuell erfolgreich zu sein, bei vielen Schwulen besonders hoch.

Und letztlich ist ein Korb im Urlaub nicht so tragisch wie daheim. Schließlich kennt einen hier keiner. Nirgends kann man sich so unbeschwert schlecht benehmen wie im Pool des Nachbarhotels. Aus diesen Gründen resultiert im Urlaub eine überdurchschnittliche „Kontaktdichte".

Das allein würde aber nicht ausreichen, um auch überdurchschnittlich viele Beziehungen entstehen zu lassen. Dazu bedarf es noch zweier weiterer Zutaten: Zum einen ist da die Sehnsucht vieler Menschen nach den besonderen Umständen, die sie sich für ihren Beziehungsauftakt wünschen; zum Beispiel die im Meer versinkende Sonne zum ersten

Kuss (wie im zweiten Kapitel beschrieben: „Die Sehnsucht nach dem Besonderen", Seite 21). Zum anderen ist es schwer, eine romantische Urlaubsliebe an der Realität des Alltags zu messen, wenn man sich nur selten sieht.

Denn wenn der Urlaub vorbei ist, musst du zurück nach Rosenheim, und er fährt ins heimische Wuppertal. Im weiteren Verlauf seht ihr euch vielleicht ein- oder zweimal im Monat. Dann habt ihr nach einem Jahr das Gefühl, wirklich lang zusammen zu sein, kennt euch aber kaum 30 Tage.

FAQ

„Ich stolpere von einer Fernbeziehung in die nächste. Mache ich etwas falsch?"

Ja. Es spricht nichts dagegen, seinen Traummann auch außerhalb des Telekom-Nahbereiches zu suchen oder zu finden. Aber viele Fernbeziehungen hintereinander deuten auf einen Fehler im System hin. Lernst du vielleicht niemanden in deiner Nähe kennen, weil du dich nicht traust, in deiner Umgebung schwul auszugehen? Das ist womöglich ein Coming-out-, kein Beziehungsproblem.

Gehörst du zu den Menschen, die Gefallen am emotionalen Schmerz finden, sich ständig aufs Neue zu verabschieden? Vielleicht findest du jemanden, dem es ähnlich geht. Eine ganze Reihe von gescheiterten Fernbeziehungen spricht aber nicht dafür.

Gefällt dir die tragische Selbstinszenierung vor deinen Freunden, weil du schon wieder den „einzig einen" gefunden hast, bei ihm aber nicht sein kannst? Das kann man ein- oder zweimal bringen und auf echtes Mitgefühl hoffen. Aber irgendwann langweilst du damit sogar deine beste Freundin.

Die Gefahr liegt darin, dass dir die Inszenierung wichtiger wird als die Beziehung. Dann hilft auch die Aussicht auf einen gemeinsamen Wohnort nichts: Plötzlich hättet ihr den Status eines ganz normalen Paares und der Reiz der (Fern-) Beziehung wäre verschwunden.

Fernbeziehungen sind aber keineswegs chancenlos. Mittelfristig kann man versuchen, eine gemeinsame Zukunft in einer Stadt aufzubauen.

Vielleicht müssen sogar beide an einen fremden Ort ziehen, um auch dem anderen eine berufliche Perspektive zu eröffnen.

Bitter ist es allerdings, wenn man in der gemeinsamen Wohnung feststellen muss, dass die Beziehung zu großen Teilen auf den Prinzipien der Ferne und der seltenen Verfügbarkeit beruhte. So kann es vorkommen, dass eine ehemalige Fernbeziehung an der plötzlichen Nähe scheitert. Dann verbringen die beiden Partner künftig zwar die Woche zusammen, die Wochenenden aber getrennt.

Die interkulturelle Beziehung

„Aber das interessiert Sie doch nicht wirklich, mein Lieber." Der weißhaarige Literat zierte sich noch ein wenig, Romeos Frage zu beantworten.

„Doch, doch", log Romeo, der froh war, nicht weiter über Julian ausgefragt zu werden.

„Na, gut", begann William seine Erzählung, „sein Name war Olo. Er war Ausländer und schwarz."

„Politisch?", fragte Romeo.

„Nein, nein, ein Mohr. Er kam aus dem Morgenland, lebte aber in Venedig."

„Und sonst?" Romeo fand die Geschichte bisher eher schleppend.

„Ooch, nichts Besonderes. Hübsches Gesicht, groß, breite Schultern, schmale Hüften. Wir hatten uns im Urlaub kennen gelernt. Er war GoGo-Boy in einem dieser Restaurants, in denen ich gerne ab und zu … Aber lassen wir das. Ich hatte mich jedenfalls sofort in ihn verliebt. Was gar nicht einfach war. Im Haushalt, verkündete Olo großspurig, könne er keinen Finger krumm machen. Das gehöre sich nicht für einen Mann. Kinder seien für ihn ein Muss. Schließlich dürfe der Name seiner Vorväter nicht aussterben."

Mit jedem Punkt seiner Aufzählung streckte William einen weiteren Finger in die Luft. „Im Bett war er die volle Kanone, aber leider recht einseitig. Macho ohne Ende. Sein Besitzanspruch war biblisch." William verdrehte die Augen: „Einmal hat er vor Eifersucht das Handy eines Gastes im Bierglas versenkt, nur weil der mich nach einem freien Stuhl gefragt hatte.

Irgendwann werde ich darüber mal ein Buch schreiben."

Romeo war beeindruckt. Er hatte seine damalige Beziehung mit Tybalt für kompliziert gehalten. Dabei waren Tybalt und er nur in verschiedenen sozialen Schichten aufgewachsen. Er mochte sich gar nicht vorstellen, wie sehr man aneinander vorbeireden konnte, womöglich ohne es zu bemerken, wenn man verschiedenen Kulturkreisen entstammte.

Die Gefahr ist in der Tat nicht zu unterschätzen. Nehmen wir an, du ärgerst dich darüber, dass sich dein Freund bestimmter Pflichten im Haushalt entzieht. Du hältst ihn für faul oder egoistisch. Dabei hat er in seinem Elternhaus gelernt, es gehöre sich nicht für einen Mann, im Haushalt zu arbeiten.

FAQ

„Mein Freund ist Libanese und führt sich zu Hause auf wie ein Pascha. Sollte ich ihn in die Wüste jagen?"

Zuerst einmal solltest du neugierig sein! Lass dir von ihm über seinen Kulturkreis berichten und bringe seiner Einstellung Respekt entgegen. Wissen über den Partner ist immer eine Voraussetzung für Verständnis.

Auf der Suche nach einem Kompromiss kannst du dich an den Punkt „Rollen und Aufgaben" aus dem vierten Kapitel (s. S. 45) halten. Dort geht es um die Verteilung von Rollen, Aufgaben und Pflichten. Wenn er nicht putzen will, kannst du vielleicht andere Pflichten auftun, um die er sich allein zu kümmern hat. Meist lässt sich ein Weg finden, der kulturelle Unterschiede berücksichtigt und beiden das Gefühl gibt, in der Partnerschaft nicht benachteiligt zu sein.

Du kannst natürlich auch darauf bestehen, dass er die halbe Küche sauber hält. Dann läufst du allerdings Gefahr, dass er den Weg in die Wüste auch ohne dein Zutun findet. Wenn ihr mit verschiedenen Vorstellungen über eine Beziehung aufgewachsen seid, kann das aber auch die Chance eures Lebens sein. Wer weiß, vielleicht entsteht gerade aus dem Beziehungsmix, den ihr ausarbeitet, die perfekte Partnerschaft.

Der große Wurf – Beziehung zu dritt

„Wo waren wir stehen geblieben?" William blätterte hektisch in seinen Aufzeichnungen. „Ach ja, bei Julian …"

„Aber", unterbrach ihn Romeo, „Sie hatten noch gar nicht erzählt, wie es mit Olo weiterging."

„Richtig", sagte der Dichter und ließ gedankenversunken einen Blick über die Decke schweifen. Auf seinem Gesicht machte sich ein dümmliches Grinsen breit, als er fortfuhr: „Bei seinen Eltern konnte Olo natürlich nicht bleiben. Also zog er zu mir. Zu uns, genau genommen, denn ich war damals noch mit Matthew zusammen."

„So 'ne Art Beziehung zu dritt?" Romeo konnte es kaum fassen. „Geil."

„Oh ja", schwärmte der Dichter, „gemütliche Fernsehabende auf dem Dreier-Sofa."

„Klo putzen nur noch jede dritte Woche?"

„Lesungen im kleinsten Kreis mit doppeltem Beifall."

„Nur noch zweimal die Woche Brötchen holen?" Romeo fand immer größeren Gefallen an der Idee, „und im Bett gleichzeitig von beiden Seiten …?"

Die erste Schwierigkeit an einer Beziehung zu dritt liegt darin, den Dritten zu finden. Du erinnerst dich wahrscheinlich noch, wie kompliziert es schon mit dem ersten war. Vielleicht führt ihr eine (halbwegs) offene Beziehung, die Dreier zulässt. Dann weißt du auch, dass es damit nicht ganz leicht ist. Mal ist der potenzielle Dritte dir zu dick, mal mag dein Freund seine Segelohren nicht.

Wenn allen optischen Kriterien Konsens beschieden wurde, reicht das immer noch nicht zwangsläufig für eine Beziehung. Schließlich muss er jetzt auch noch nett sein, zu euch passen und ebenfalls Interesse an dieser Beziehungskonstellation haben.

Und dann wird es richtig kompliziert: Denn jetzt müssen Rollen, Aufgaben und Pflichten unter drei Personen verteilt werden. Man muss kein großer Hecht in Statistik sein, um zu erkennen, dass das die Möglichkeiten vervielfacht. Von den Wünschen und Ansprüchen ganz zu schweigen.

William, Matthew und Olo war die Verteilung gut gelungen. „Unsere größte Schwierigkeit bestand darin, ein Bett zu kaufen, das breit genug für drei Personen war", berichtete der Literat stolz. Was so nicht ganz stimmt. Weit problematischer war es, Olo davon zu überzeugen, auch mal die Bettlaken zu waschen. Noch komplizierter wurde es, als Williams Haare nach und nach von einem weißgrauen Schleier überzogen wurden. Das fand Matthew zwar sexy, Olo jedoch nicht im mindesten.

Nach etwa fünf Jahren hatte sich eine Konstellation herausgebildet, in der jeder vom jeweils anderen sexuell stärker angezogen wurde – ein Beziehungsgeflecht im Uhrzeigersinn, wie ein Hund, der dem eigenen Schwanz hinterherläuft.

Den Punkt, an dem die sexuelle Attraktivität innerhalb einer Beziehung nachlässt, erreichen irgendwann die meisten Paare. Und auch bei der klassischen Zweierbeziehung passiert das nicht immer zeitgleich und in gleichem Umfang. In einer Partnerschaft, die aus mehr als zwei Personen besteht, scheint dieses Nachlassen auf den ersten Blick problematischer, weil das resultierende Ungleichgewicht offensichtlicher wird. Plötzlich kann sogar Eifersucht auf einen der gemeinsamen Freunde entstehen.

Dann wird es Zeit, sich über die Grundlagen der Beziehung Gedanken zu machen. Fußt sie ausschließlich im Sexuellen? Dann hat sie wahrscheinlich ausgedient, und ihr könnt das maßgefertigte Bett bei Ebay versteigern. Besteht mehr als sexuelle Anziehung? Dann wird es Zeit, sich dessen bewusst zu werden und die Partnerschaft in die nächste Phase überzuleiten: den Beziehungsalltag.

Altersunterschied

Es mag unfair erscheinen, aber auch für den Punkt Altersunterschied muss der Literat herhalten. Olo war nämlich deutlich jünger als er.

Als die beiden sich kennen lernten, genossen sie die Aufwertung des eigenen Status durch den jeweils anderen. Olo konnte vor seinen Freunden damit trumpfen, dass er mit dem bedeutendsten Dichter seiner Zeit in der Kiste gelandet war. Und William fühlte sich attraktiver denn je mit diesem jungen Ding an seiner Seite, dessen Waschbrettbauch selbst durch ein dickes Thermovlies zu erkennen war.

Der Effekt der Aufwertung ist jedoch nicht unbegrenzt ausreizbar. Wird der Altersunterschied zu groß, setzt ein gegenteiliger Effekt ein. Denn dann beginnen auch Freunde und Bekannte des Liebespaares, sich

Gedanken über diese Differenz zu machen und sie zu interpretieren. Der Jüngere wird dann vielleicht verdächtigt, materielle Motive zu haben. Dem Älteren wirft man vor, er wolle sich im Schein des Jüngeren sonnen, ja, er „kaufe" ihn womöglich.

Es ist wichtig, sich darüber klar zu werden, was ein großer – oder zu großer – Altersunterschied ist. Wenn du 19 bist und kurz vor dem Abitur stehst, kann dir ein 22-Jähriger mit abgeschlossener Berufsausbildung steinalt vorkommen. Er hat Wohnung, Auto, Einkommen, du gerade mal ein Fahrrad. Fünf Jahre später arbeitest du bereits bei einer Versicherung, während er immer noch Häuser verputzt. Du verdienst doppelt so viel wie er und fährst einen dicken Dienstwagen. Leider siehst du inzwischen auch doppelt so alt aus wie er. Was sind dann noch drei Jahre Altersunterschied?

Du siehst, drei Jahre sind nicht genug für einen „deutlichen" Altersunterschied. Und wie steht es mit fünf, acht oder gar 15 Jahren? Die absolute Zahl ist nicht entscheidend. Manche Menschen sehen mit 45 noch jünger aus als andere mit 30. Andere übernehmen mit 17 schon mehr Verantwortung und bieten mehr Sicherheit als ein Mittzwanziger. Und mit 27 kann man deutlich mehr verdienen als ein 36-Jähriger.

Wichtig ist nicht, ob ein Altersunterschied besteht, sondern ob der Altersunterschied der Grund für die Beziehung ist. Hast du nur Augen für Männer, die mindestens zehn Jahre älter sind als du? Wenn ja, warum? Reicht dir der Luxus, den sie dir bieten können, als emotionale Grundlage eurer Beziehung? Dann solltest du dir auch Gedanken darüber machen, was aus eurer Beziehung wird, wenn sich deine wirtschaftlichen Verhältnisse verbessern.

Kommt es dir bei deiner Suche nach einem deutlich älteren Freund vielleicht auf ein Machtgefälle an oder auf unterschiedliche Lebensphasen, in denen ihr euch befinden sollt? Auch das kann sich ändern.

Oder bist du derjenige, der immer nach Jungs unter 20 Ausschau hält? Dann stellt sich eine ganz ähnliche Frage: Was wird aus eurer Beziehung, wenn dein Freund kein Teenager mehr ist?

Die meisten Menschen ändern sich; Beziehungen tun das ebenfalls. Trifft das auch auf dich zu oder stagnierst du? Diese Frage klingt komplizierter, als sie ist. Sie lässt sich leicht beantworten, wenn du dir überlegst, ob sich dein Beuteschema mit dir entwickelt hat. Nehmen wir an, du hattest ein Faible für 16-Jährige, als du etwa 18 Jahre alt warst. Heute bist du 28 und stehst immer noch auf 16-Jährige? Oder sind die Typen, die du inzwischen klasse findest, „mitgewachsen" und heute um die 26?

Wenn du stagnierst, ist das ein schlechtes Zeichen! Denn du kannst nicht davon ausgehen, dass dein Freund ebenfalls auf seiner Entwicklungsstufe verharrt. Psychologen vermuten in diesem Fall ein Problem, das tiefer liegt und sich mit der Lektüre eines Ratgebers wahrscheinlich nicht beheben lassen wird.

Auch hinter der Suche nach einem älteren Partner steckt bisweilen eine ins Stocken geratene Persönlichkeitsentwicklung. Ein Phänomen, auf das man bei so genannten Scheidungswaisen häufig trifft. Sie suchen bei möglichen Partnern zum Beispiel nach Eigenschaften, die der Vater hatte, als er die Familie verließ.

In beiden Fällen ist es ratsam, mit einem Fachmann zu sprechen, um das zugrunde liegende Problem aufzudecken.

Bedenklich ist es auch, wenn die Verteilung der Rollen und Aufgaben in eurer Beziehung durch den Altersunterschied bedingt wird. Man kann versuchen, sich einzelnen Aufgaben zu entziehen, weil man sie nicht mag oder weil man sie nicht bewältigt. Übernimmt ein Partner Aufgaben, die der andere nicht meistern kann, trägt er womöglich die emotionale Verantwortung für die Beziehung. Er verhindert damit, dass sein Freund auf diesem Gebiet dazulernt. Damit macht es sich der eine gemütlich, während er von seinem Freund zur Unmündigkeit erzogen wird.

11. Kapitel

Veränderungen und Stagnation

Es treten auf:
Romeo Montague
Julian Capulet

„Schnuffel?"

„Was denn, Schatzi?"

Es war einer dieser typischen Sonntagvormittage: Romeo und sein Freund Julian lagen noch im Bett. Der Fernseher lief, aber ohne Ton; „Schnuffel" blätterte unmotiviert in der TV-Zeitschrift; „Schatzi" zog zum wiederholten Mal das ausgeleierte Gummi seiner Schlafanzughose in die Höhe und ließ es sich auf den Bauch schnalzen.

„Manchmal habe ich Angst, dass unsere Beziehung beginnen könnte, langweilig zu werden."

„Hm-hm", antwortete Romeo und blätterte auf Mittwoch, den 17.

„Wir könnten doch mal wieder was richtig Ausgefallenes machen." Julians Gummizug surrte erneut durch die Luft.

Romeo trennte sich vom Tagestipp *Fight Club* mit dem Bild von Brad Pitts Waschbrettbauch. „Was Ausgefallenes?"

„Wieso nicht?", nickte Julian. „Könnte uns gut tun."

„An was denkst du denn?" Ausgefallene Dinge hatten in Romeos Leben bisher nur dann eine Rolle gespielt, wenn sie teuer waren. „An so was wie: Im Sommer unter dem Rasensprenger durchlaufen und dabei keine Badelatschen tragen?"

Das war es nicht, woran Julian gedacht hatte. Denn danach wäre sicher die Frisur im Eimer. Eigentlich wusste er selbst nicht so recht, worauf er hinauswollte. Aber er war sicher, dass seine Beziehung zu Romeo im Laufe ihres ersten Jahres in einen Zustand des immer gleichen Trotts übergegangen war.

Die beiden standen morgens nicht mehr gemeinsam auf, weil Romeo frühe Vorlesungen an der Universität grundsätzlich boykottierte. Da er länger schlafen konnte, war er abends noch hellwach, wenn Julian bereits ins Bett wollte. Das erste Opfer dieser Zeitplanung war das gemeinsame Frühstück.

Als nächstes fiel das tägliche Treffen zum Mittagessen weg, weil Julian mit seiner Lerngruppe in die Mensa ging. Und wenn sich beide am Wochenende Zeit für einen ihrer Freunde ließen, sahen sie sich praktisch die ganze Woche nicht.

Was Romeo und Julian durchmachten, kann in den späteren Phasen einer Beziehung und in ganz unterschiedlicher Intensität auftreten. Frühere Abschnitte sind oft gezeichnet durch äußere Schwierigkeiten, die einen starken Zusammenhalt fordern und fördern: Das können finanzielle Probleme sein oder Druck von Außen. Oft schweißen zum Beispiel Eltern, die sich weigern, die Beziehung zu akzeptieren, das Paar nur enger zusammen. Außerdem arbeiten beide Partner in der Regel gemeinsam auf konkrete, nahe Ziele hin: einen neuen Kühlschrank, ein gemeinsames Auto oder die Eigentumswohnung. Bei all dem Stress sehnen sie sich oft sogar nach Ruhe.

Später sind diese Ziele häufig erreicht, absehbar oder bereits aufgegeben. Die Schwierigkeiten und der Zusammenhalt aufgrund äußerer Faktoren sind minimiert. Jetzt ist die lang ersehnte Ruhe erreicht, und Leere breitet sich stattdessen aus. Die Vollendung eines Traumes schweißt nicht mehr zusammen. Hetero-Paare entscheiden sich in diesem Moment gern für ein zweites oder drittes Kind, schaffen damit eine weitere Vollzeit-Beschäftigung und verlagern das Problem um weitere fünf bis zehn Jahre.

FAQ

„In unserer Küche surrt der neueste Super-Silent-Eko-Geschirr-waschautomat. Wir haben drei Autos für zwei Personen, und unser Kleiderschrank quillt über, obwohl wir unsere H&M-Klamotten längst zum Roten Kreuz geschleppt haben. Soll das der Sinn unserer Liebe gewesen sein? Soll ich mir jetzt irgendein Hobby zulegen, womöglich Porzellanfiguren zu sammeln?"

Das ist eine ausgezeichnete Idee! In teure Hobbys lässt sich eine Unmenge Geld und Zeit investieren. Und Kitsch zu sammeln ist eine schier endlose Beschäftigung. Man denke nur an die Schäden, die schon ein kleiner Ehestreit in einer Porzellankolonie anrichten kann.

Und so paradox das in dieser Situation erscheinen mag: Es macht gar nichts, wenn sich dein Freund nicht im Geringsten für dein neues Hobby interessiert. Die gemeinsamen Ziele eurer Beziehung habt ihr erreicht. Somit besteht endlich wieder die Gelegenheit, deinem eigenen Leben neuen Sinn zu geben.

Wenn eine Beziehung stagniert, ruft das bei vielen Menschen Unzufriedenheit hervor. Bisher wurden womöglich einige persönliche Interessen dem gemeinsamen Traum untergeordnet. Einem Traum, der inzwischen entweder erreicht oder von der Liste der realistischen Ziele gestrichen wurde.

In dieser Situation kann ein Nachholbedarf an Wichtigkeit gewinnen. Man möchte ausleben, was man seinem Partner oder der Beziehung bisher „geopfert" hat. Eine äußerst explosive Mischung ergibt sich, wenn zu diesem Wunsch noch zwei weitere Faktoren hinzukommen: die Angst vor dem Alter und der Unwille des Partners, Abweichungen vom über Jahre aufgebauten Verhaltenskodex zu tolerieren.

Tipp: Dein Freund wird sich dann besonders vehement gegen jede Veränderung sträuben, wenn eure Beziehung seiner Meinung nach noch nicht in der Phase der Stagnation angekommen ist. Vielleicht hast du dich längst von euren gemeinsamen Zielen verabschiedet, während er noch daran arbeitet. Du hältst die Eigentumswohnung oder ein gutes Verhältnis zu den Schwiegereltern inzwischen für unerreichbar, er womöglich noch nicht. Dieses Ungleichgewicht wird ihn besonders verstimmen, da er mit doppelter Energie und ohne deinen Rückhalt schuften muss.

Diese Punkte solltest du unbedingt mit ihm besprechen, bevor du nach deiner privaten Selbstverwirklichung suchst und ihm die Wohnung mit Porzellanputten zupflasterst.

Wenn man sich fremd wird

Am Ende der gemeinsamen Träume und Ziele stellt sich eine Erkenntnis ein, die du noch aus den Tagen vor deiner Beziehung kennst: Du bist und bleibst ein eigenständiges Individuum – dein Freund auch. Er interessiert sich plötzlich (wieder) für Dinge, die dir völlig abwegig erscheinen? Er flirtet mit Kerlen, denen du nichts abgewinnen kannst? Er wird dir von Jahr zu Jahr, vielleicht sogar von Woche zu Woche fremder?

Sich ab und zu fremd zu sein, ist kein schlechtes Zeichen. Es widerlegt lediglich den romantischen Gedanken von der völligen Verschmelzung zweier Personen in einer Beziehung. Manchmal muß man sich sogar etwas fremd werden, um sich wieder nahe sein zu können. Denn vielen Menschen gelingt es erst aus einer gewissen emotionalen Distanz, die Veränderungen des Partners wahrzunehmen und zu akzeptieren.

„Eines Morgens lagen wir im Bett und hatten uns nichts mehr zu sagen." Julian überlegte, wie er diesen Zustand am besten in Worte fassen könnte: „Nicht diese peinliche Stille der ersten Tage, wenn einem mal der Gesprächsstoff ausgegangen war. Auch nicht die Art von Stille, die ich so genossen hatte, als wir kein schlechtes Gewissen mehr hatten, wenn einmal nichts gesagt wurde."

Neuerdings hatte sich bei Julian ein Gefühl von „Es interessiert ihn sowieso nicht" eingestellt. Andererseits bereitete es ihm Mühe, sich auf Romeos überflüssige Geschichten von der Uni zu konzentrieren.

„Wir leben beide unser eigenes Leben", hatte Julian seinen Freund einmal in der Disco erzählen hören. Romeos Gesprächspartner war jung, sportlich und hübsch. Julians Alarmglocken schrillten. Lebten Romeo und er nur noch ihr eigenes Leben, sozusagen nebeneinander her? Bestand die Beziehung nur deshalb noch, weil sie so bequem war? Oder weil es noch keinen Anlass gab, sie zu beenden?

FAQ

„Obwohl wir uns bisher immer wohl im gemeinsamen Bett gefühlt haben, behauptet mein Freund neuerdings, dass er neben mir nicht mehr schlafen kann. Sollten wir getrennte Schlafzimmer einrichten?"

Viele Paare sehen in getrennten Schlafzimmern oder sogar getrennten Wohnungen Rückzugs- und Entfaltungsmöglichkeiten. Wenn man das bisher nicht gebraucht hat, könnte der Wunsch nach getrennten Schlafzimmern aber auch ein Zeichen dafür sein, dass man den Freund „nicht einmal" im Schlaf erträgt. Dafür kann es gute Gründe geben: Er schnarcht, er wälzt sich ständig hin und her oder redet im Schlaf.

Oft liegen die Gründe aber tiefer. Die Lust auf eine gemeinsame Nacht kann einem vergehen, wenn man sich schon tagsüber so fremd geworden ist, dass man sich laufend streitet. Oder wenn man es satt hat, jeden Abend oder am kommenden Morgen sexuell bedrängt zu werden. Dann muss ein „Du schnarchst" als Ausrede für den Wunsch nach getrennten Betten herhalten.

Ob es wirklich an der nächtlichen Geräuschkulisse liegt oder ob du dich auf die Suche nach tiefer liegenden Gründen machen musst, kann eine einfache Frage beantworten: Sind die Geräusche ein neues Phänomen? Wenn das leise Schnarchen seinen Schlaf früher nicht beeinträchtigt hat, verdrängt er womöglich nur ein anderes, ernstes Problem.

Manche Paare sind sich zwar im Laufe ihrer Beziehung fremd geworden, sie poppen aber weiterhin miteinander, als wäre nichts gewesen. Wenn das nicht mehr so recht funktionieren will, suchen sie sich häufig Dritte und betäuben das Gefühl der Fremdheit mit dem ewig Neuen.

Die Gefahr dabei besteht darin, dass man die Fremdheit generalisiert und auf andere Bereiche überträgt. Letztlich kann einem sogar der Körper des anderen fremd werden. Dann wird es umso schwerer, den Menschen, dem man sich weniger nahe fühlt, nachts neben sich atmen zu hören.

Tipp: Oft sind es nur Kleinigkeiten, die einem in diesem Abschnitt einer Beziehung am Freund missfallen. Deshalb kann auch der Ausweg aus dem Dilemma recht einfach sein: Mach dir bewusst, dass auch die unangenehmen Dinge ein Zeichen dafür sind, dass du dein Leben nicht allein meistern musst.

Als du noch Single warst, hast du dir wahrscheinlich oft gewünscht, beim Einschlafen möge jemand Vertrautes ein Zeichen seiner Existenz von sich geben. Selbst wenn es ein leises Schnarchen wäre.

Was ich schon immer machen wollte – vergessene Hobbys

Julian nahm sich vor, den Abstand zu Romeo als Chance zu begreifen. Er wollte sich zuerst auf die Dinge besinnen, die ihm wichtig waren. Zu seiner Erleichterung stellte er fest, dass Romeo dazugehörte. Aber da war noch mehr: Er begann wieder Klavier zu spielen und nahm Tennisstunden. Er traf sich öfter mit alten Freunden und stellte fest, dass er sich dabei deutlich wohler fühlte.

Um Romeo nicht vor den Kopf zu stoßen, erzählte er ihm im Voraus von seinen Plänen. Ein wichtiger Schritt, ging es ihm doch nicht darum, ihr „Nebeneinander-her"-Leben zu zementieren. Er wollte sich lediglich der veränderten Situation anpassen, die von den beiden verlangte, sich wieder stärker als eigenständige Individuen zu begreifen.

FAQ

„Mein Freund geht neuerdings reiten, und ich darf nicht mit. Muss ich mir Sorgen machen, dass er mich aus seinem Leben ausschließen will?"

Ehrlich gesagt: nein. Hat er dich nicht seit Jahren gefragt, und hast du nicht immer gesagt, dass dir Pferde gestohlen bleiben können? Jetzt, wo er es allein macht, hast du auf einmal Interesse! Oder steckt die Angst dahinter, er könnte etwas ohne dich erleben, gar neue Leute kennen lernen?

Anstatt jetzt an ihm zu kleben, solltest du lieber etwas unternehmen, was dich wirklich interessiert und dir Spaß macht. Dann kann sich auch euer Interesse an gemeinsamen Aktivitäten wieder einstellen.

Neuer Schwung in alter Beziehung

Dieser Schritt ist oft mit ebenso viel Angst besetzt wie jede andere Veränderung in eurer Partnerschaft. Wenn ihr eine offene Beziehung führt, habt ihr euch vielleicht schon daran gewöhnt, dass andere Männer in eurem sozialen Geflecht auftauchen und wieder verschwinden.

Aber jetzt ist alles anders. Wenn dein Freund plötzlich reiten geht, Tennis oder Schach spielt, lernt er Menschen unter ganz anderen Vorzeichen kennen als in der Disco oder im Darkroom. Sex ist womöglich zweitrangig oder unwichtig – unter Umständen genau wie der Sex in eurer Beziehung.

Und plötzlich seid ihr in der ungewohnten Situation, dass eine Bekanntschaft, die nicht auf sexueller Anziehung beruht, eine Gefährdung eurer Beziehung darstellen kann.

Tipp: Besonders in dieser Situation ist das Selbstwertgefühl beider Partner eine Voraussetzung für die Stabilität der Beziehung. Ein bedeutender Bezugspunkt für die Selbsteinschätzung deines Freundes bist du. Also zeige ihm weiterhin deutlich, dass es für dich keinen wichtigeren Menschen gibt. Vergiss nicht, dass er nicht einschätzen kann, was deine neuen Freunde für dich bedeuten. Auch wenn sie nur ein Zeitvertreib sind, kann er in ihnen eine reale Bedrohung eurer Beziehung sehen.

Der neue Schwung kann sich natürlich auch auf euer gemeinsames Leben beziehen. Vielleicht hattet ihr Interessen, die ihr bisher aus Zeit- oder Geldmangel nicht umsetzen konntet. Der gemeinsame Urlaub auf Island oder gegenseitige Vorleseabende. Ein neuer Fußbodenbelag oder die Bepflanzung eures Balkonkastens.

FAQ

„Ich wollte ihn schon dreimal ins Gartencenter mitschleppen, um Blumen für unseren Balkon zu kaufen. Aber er sagt, er hätte dafür nicht den Nerv und die Zeit. Was mich jetzt beschäftigt, ist, will er nicht mit, weil es ihn wirklich nicht interessiert, oder steckt was anderes hinter seiner Ablehnung?"

Das musst du ihn fragen! Womöglich ist dein Wunsch wirklich übereilt, weil ihm noch Dinge unter den Nägeln brennen, die ein neues Hobby erst mal erschweren. Frag ihn nach seinen Gründen und dann hilf ihm, sie zu beseitigen. Und schon seid ihr reif für den Schönster-Balkon-Wettbewerb.

Langeweile

Manche Partner verweigern sich jedoch strikt jeder Veränderung, ohne dafür besondere Gründe angeben zu können. Er hat sich in einem Leben breit gemacht, das dir inzwischen völlig langweilig erscheint? Das kann passieren. Der Mensch, der anfangs so perfekt zu dir passte, hat sich verändert – du dich ebenfalls. Er will seine Ruhe, das Erreichte genießen, während es dich nach neuen Erfahrungen gelüstet. Oder umgekehrt.

Plötzlich scheint ihr einfach nicht mehr zusammenzupassen: Er ödet dich an, du nervst ihn. Du fragst dich, ob du dich nur deshalb mit ihm abgefunden hast, weil ihr euch aneinander gewöhnt habt und weil es so bequem erschien. Ist vielleicht nicht einmal mehr Liebe im Spiel? Oder hast du dich an viele seiner Eigenschaften gewöhnt, dich manchmal nur widerwillig mit ihnen abgefunden, weil du ihn liebst?

Die Frage musst du dir natürlich selbst beantworten. Aber lass dir Zeit damit! Jetzt aus einer Laune heraus alles hinzuschmeißen, wäre bestimmt nicht der richtige Weg. Ihr habt im Laufe der Jahre schon einige Veränderungen gemeinsam überwinden müssen, und dies ist auch nur ein ganz natürlicher Wandel.

Tipp: Bei der Beantwortung der Frage, ob eure Beziehung sich überlebt hat, kann ein wenig Abstand helfen. Denn Distanz ist ein guter Schutz vor Langeweile. Viele schwule Paare haben mit diesem Prinzip bereits Erfahrung, weil sie zum Beispiel eine offene Beziehung führen. So schützen sie sich vor sexueller Eintönigkeit.

Genauso funktioniert es auch auf anderen Gebieten. Wer eine sehr enge Beziehung führt, erwartet häufig von seinem Partner, allen seinen Ansprüchen gerecht zu werden – auch wenn diese sich ändern. Ein derartiger Anspruch ist realitätsfern. Der Partner kann unmöglich alle Interessen oder Kommunikationswünsche abdecken.

Personality Change

„Wenn das ein Kostümfest werden soll, komm ich nicht mit." Julian hatte sich bereits gefragt, was Romeo so lange im Bad trieb. Nun stand sein Gatte in der Tür zum Wohnzimmer, in schwarzen Stiefeln und Lederhose, mit freiem Oberkörper und einem Lederharness um die Brust.

„Das wird kein Maskenball", antwortete Romeo trocken.

„Und wieso hast du dann diese …" Julian versuchte seinen Lachanfall mit einem Husten zu kaschieren. „Also nicht, dass das nicht gut aussehen würde."

Nun ja, Romeo mochte sein neues Outfit. Wenn es auch so neu nicht mehr war. Er hatte es schon öfter getragen, sich dann aber immer allein auf den Weg gemacht und erst vor der Disco umgezogen. Er fand, es sei an der Zeit, Julian über seine Vorliebe zu informieren, und hatte sich für die Holzhammer-Methode entschieden.

Julian weigerte sich strikt, so mit ihm in die Disco zu gehen. „Stell dir nur mal vor, uns sieht jemand!"

„Ehrlich gesagt, trägt man so was, um gesehen zu werden", hatte Romeo gereizt zurückgegeben. „Außerdem kennt mich die halbe Szene schon in Leder. Wundert mich, dass noch niemand getratscht hat."

Es erscheint widersinnig, dass ausgerechnet das Stagnieren einer Beziehung die auffälligsten Änderungen hervorruft. Wobei das oft nur eine Frage der verzerrten Wahrnehmung ist. Als sich eure Beziehung noch alle paar Tage grundlegend änderte, ist dir eine andere Haarfarbe oder ein neuer Modestil nie besonders aufgefallen. Heute ändert sich manchmal monatelang nichts. Da kann schon eine neue Krawattennadel wie ein bedrohlicher Bruch im Kontinuum der eingespielten Abläufe erscheinen.

Andererseits können sich vernachlässigte Wünsche oder Neigungen in stagnierenden Beziehungen wie ein Überdruckventil verhalten. Nachdem lange nichts passiert war, hat die Langeweile sie aufgeblasen. Und plötzlich entladen sie sich: Auf einmal stehst du oder er auf Uniformen, teure Anzüge oder harten Sex.

FAQ

„Und wie soll ich damit umgehen, wenn ich seine Neigungen nicht teile?"

Du musst ja nicht mitmachen. Die Lehre, die ihr aus dieser Phase der Beziehung ziehen sollt, ist, dass euch Abstand und ein in gewissen Maßen eigenständiges Leben gut tun können. Soll er sich doch austoben.

Du kannst dich ja noch weiter langweilen, bis auch bei dir der Druck groß genug geworden ist. Dann wirst vielleicht auch du mit neuen Dingen beginnen und deine Persönlichkeitsentwicklung vorantreiben. Wundere dich aber nicht, wenn er dir dann mit Vorbehalten begegnet.

Das neue Sexleben

„Purzel?"

Romeo blickte sich suchend im Zimmer um. „Wer ist Purzel?", fragte er verdutzt.

„Äh … du", antwortete Julian.

„Ich war nie Purzel." Romeo fühlte sich verunsichert. Musste er am Erinnerungsvermögen seines Freundes zweifeln? „Bisher war ich doch Schnuffel. Und du immer Schatzi – du erinnerst dich?"

„Aber hier steht", sagte Julian und deutete auf die Beratungsseite der *Brigitte*, „dass Eheleute sich Kosenamen geben, die mit ‚S' beginnen, wenn der Sex langweilig geworden ist."

Es dauerte einen Moment, bis Romeo diesen Gedankengang verstand. „Auf solchen laienpsychologischen Schnickschnack würde ich nichts geben", erwiderte er und schickte dann noch beschwichtigend hinterher: „Oder findest du unseren Sex langweilig, *Hasi*?"

Sex in einer Beziehung ist wie ein französischer Weichkäse: Abhängig vom Kaufdatum muss er gegebenenfalls noch etwas reifen, bis er perfekt ist. Danach ist er delikat für einen gewissen Zeitraum. Und irgendwann verliert er seinen feinen Geschmack. Dann hilft nur noch eins: Man muss ihn überbacken. Es lohnt sich immer, alten Sex noch einmal so richtig anzuheizen. Denn ein erfülltes Sexleben kann zumindest einen soliden Teil eures Beziehungsfundaments darstellen.

Man könnte nun glauben, Paare mit einer offenen Beziehung hätten es leichter, neuen Schwung in ihr Sexleben zu bringen; schließlich mangelt es ihnen nicht an Inspiration von außen. Aber in einer offenen Beziehung fehlt oft auch die Not, das heimische Sexleben zu überarbeiten. Was man sucht, kann man sich ja im Internet bestellen oder in der Sauna holen.

FAQ

„Wir sind uns treu und inzwischen wirklich am Ende unseres sexuellen Lateins. Wie kommen wir noch auf neue Ideen?"

Ihr könnt zum Beispiel abwechselnd Pornomagazine oder -videos ausleihen und sie gemeinsam nach guten Ideen durchstöbern. Aber das ist nicht jedermanns Sache.

Also könnt ihr euch auch unabhängig voneinander auf die Suche machen und euren Partner mit einer „abwegigen" Idee überraschen. Ihr werdet erstaunt sein, wie viele Bücher sich selbst in öffentlichen Bibliotheken mit der Königsberger Krabbe, dem Faröer Fesseltrick oder der Sache mit dem Gemüse beschäftigen.

Es muss aber nicht immer eine neue Technik nach dem Prinzip „höher, weiter, spektakulärer" sein. Oft reicht schon ein Rollentausch, ein romantisches Umfeld oder ein Ortswechsel, um sich wie frisch begattet zu fühlen. Redet über eure sexuellen Geheimnisse. Geht respektvoll mit den Wünschen eures Partners um, auch wenn sie euch nicht gefallen, und seid mal wieder so experimentierfreudig wie in den ersten Tagen eurer Beziehung.

Wenn das alles nichts hilft, hat eure Unlust am Sex wahrscheinlich tiefer liegende Gründe. Dann solltet ihr in ehrlichen Gesprächen, vielleicht sogar mit professioneller Hilfe herausfinden, welche Thematik sich wirklich hinter eurem Problem verbirgt.

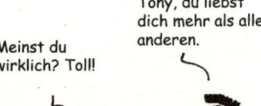

12. Kapitel

Das Ende – Teil 1

Es treten auf:
Romeo Montague,
Julian Capulet,
Tybalt Capulet,
Enrico, Küchengehilfe im Anwesen der Montagues

Romeo und Julian lebten glücklich bis an ihr selig Ende.
Tybalt und Enrico ebenfalls.

FAQ

„Ist das dein Ernst? Findest du nicht, dass das für den Schluss einer Liebesgeschichte ziemlich abrupt, etwas kurz, banal und irgendwie langweilig ist?"

Na, großartig! Du liest einen Beziehungsratgeber bis ins letzte Kapitel und erwartest dann von meiner Geschichte, dass sie tragisch endet? Peinliche Szenen im Fast-Food-Restaurant? Selbstmorddrohungen? Romeos geplatzter Koffer auf der Straße, von Julian aus dem dritten Stock ins Freie gepfeffert?

Oh nein. Alle vier lebten zufrieden bis ans Ende ihrer Tage. Das klingt vielleicht unspektakulär, aber sie waren glücklich, einfach glücklich!

Weit weniger glücklich war allerdings William, der englische Dichter, der versucht hatte, die Geschichte unseres Liebespaars mit gespitzter Feder zu begleiten. Nach zahlreichen ausführlichen Interviews mit Romeo, einigen informellen Treffen mit Julian und einer etwas halbherzigen Recherche über das familiäre Umfeld der beiden hatte er die Geschichte dieser großen und romantischen Liebe zu Papier gebracht.

Und wenn du auf ein Unhappy End gehofft hattest, dann wird dich der Epilog glücklich machen. Aber dazu müssen wir einen kleinen Ausflug in das Büro eines Londoner Verlagshauses machen. Glücklich und selbstzufrieden betritt unser in die Jahre gekommener Literat den etwas zu dunkel eingerichteten Raum, gerade in dem Moment, als sich der Vorhang zum letzten Mal hebt.

Das Ende – Teil 2

Es treten auf:
William, der weißhaarige Schriftsteller
Sein Verleger
Matthew, der Freund des Literaten

„Nehmen Sie doch Platz, mein lieber William", sagte der übergewichtige Mann hinter dem gewaltigen Schreibtisch. „Ich habe Ihr Manuskript gelesen: *Romeo, der … äh … Liebesfürst von Verona*. Schön, schön."

„Nicht wahr!", fiel ihm William ins Wort, ließ sich in einen der altmodischen Sessel sinken und bediente sich an den Zigarren. „Ich halte es auch für eines meiner besten …"

„Aber ich finde es inhaltlich etwas flach", unterbrach ihn schroff sein Gegenüber.

„Flach?", William konnte es nicht glauben.

„Nun ja, die beiden lernen sich auf dem Maskenball kennen, fahren in den Urlaub und sind glücklich bis ans Ende ihrer Tage? Da fehlt mir ein wenig die Dramatik, Spannung, Gewalt."

„Ach so, verstehe." Der Dichter setzte sein versöhnlichstes Lächeln auf. „Das ist kein Problem: Dann streiche ich das mit dem Ball und die beiden lernen sich beim Sommerschlussverkauf kennen: hektische Hausfrauen, zerborstene Sonderangebotsschilder, überladene Grabbeltische und nur eine interessante Unterhose aus hellblauem Lycra. Romeo und Julian kämpfen sich von gegenüberliegenden Seiten auf das gute Stück zu, immer wieder zurückgeworfen von eifersüchtigen Kundinnen …"

„Eigentlich dachte ich mehr an Mord", unterbrach der Verleger den Redefluss des Literaten.

„Am Grabbeltisch?"

„Romeo könnte Tybalt doch umbringen", fantasierte der Verleger in die Geschichte. „Gab es da nicht sowieso eine Messerstecherei?"

„Aber Tybalt trägt kein Lycra."

„… weil Tybalt vorher Romeos Cousin erschlagen hat. Das unterstreicht die Konfliktsituation der beiden Familien. Nein, machen Sie ,erstechen' draus; wir brauchen Blut, viel Blut."

William stierte seinen Verleger mit offenem Mund an.

„Außerdem dürfen sich die beiden Liebenden nicht kriegen", fuhr dieser fort. „Hier brauchen wir etwas ganz Realistisches, nah am Leser. Nehmen wir an, Julian macht so richtig einen drauf, weil sich Romeo auf Studienreise befindet. Er ist nicht zimperlich: ein oder zwei Joints, Alkohol und vielleicht 'ne E. Als Romeo ihn am nächsten Morgen findet, schaut der aus wie der Tod. Romeo sieht das Döschen mit den Tabletten und glaubt an einen Selbstmord. Er schluckt die restlichen Pillen und landet nun ebenfalls im Delirium. Kurz darauf erwacht Julian und hält nun Romeo für tot. Da keine Tabletten mehr da sind, stößt er sich sein Nagelpflegeset tief in die Brust.

Romeo erwacht etwas später und erkennt, immer noch voll auf Droge, seinen Fehler und öffnet sich mit Julians Nagelpfeile die Pulsadern. Jaha", ereiferte sich der Verleger, „das nenne ich Action. Und zwischendrin halten beide immer wieder ergreifende Monologe. Was halten Sie davon, mein lieber William?"

„Ich finde es etwas an den Haaren herbeigezogen. Beide sterben mehrmals am Stück – und das soll uns der Leser abkaufen? Außerdem: Wo bleibt da das Happy End?"

„Ich will mich nicht mit Ihnen streiten", sagte der Verleger versöhnlich. „Aber was macht eigentlich diese Hypothek auf Ihr kleines Häuschen?"

„Zu einem Drittel abgezahlt", antwortete der Literat, der ahnte, worauf diese Frage zielte.

„Schön", sagte sein Gegenüber zufrieden, stand auf und streckte seine gewaltige Pranke über den Schreibtisch. „Dann sind wir uns ja einig. Ich erwarte das geänderte Manuskript in – sagen wir – einem Monat."

Die kommenden Wochen waren für William die Hölle. Es ging nicht so sehr darum, das Stück zu ändern. Um aus seiner Love-Story ein Drama zu machen, musste er es praktisch neu schreiben. Seine Laune verschlechterte sich mit jeder Zeile, die der Löschen-Taste zum Opfer fiel.

William wurde mürrisch, launisch, aufbrausend und ungerecht. Er rasierte sich nur noch einmal in der Woche, vernachlässigte seine Pflichten im Haushalt und ließ seine Wut an seinem Freund Matthew aus.

Olo war bereits vor Monaten ausgezogen. Er hatte entdeckt, dass William ihn als Vorlage für die Hauptfigur seines damals aktuellen Stückes verwenden wollte. Anfangs schmeichelte ihm das, aber dann stellte er fest, dass die Figur zwar deutliche Parallelen zu ihm aufwies, ansonsten aber eine kurz geschorene Lesbe war. Die beiden machten sich eine Szene, die sich gewaschen hatte, und Olo zog binnen weniger Minuten aus der gemeinsamen Wohnung. Weil William nicht bereit gewesen war, seine literarischen Eingebungen Olos Gefühlen zu opfern, war das auch schon das schnelle Ende einer ansonsten sehr glücklichen Dreier-Beziehung.

Inzwischen war auch Matthew nicht mehr bereit, das Verhalten seines Freundes zu tolerieren. Er machte zwar nicht sofort Schluss, zog aber nach drei Wochen, endlosen Gesprächen, zahlreichem Flehen und mehreren erfolglosen Ultimaten ebenfalls aus.

William war am Ende – die perfekte Inspiration für sein Drama.

Das Ende der Zuversicht

„Ich dachte, wir wollten nur ein wenig Abstand gewinnen." Matthew spürte, wie der eisige Hauch des Misstrauens Besitz von ihm ergriff. „Und jetzt behandelst du mich wie einen alten Bekannten." Er rutschte ein wenig näher an William heran, legte eine Hand auf seinen Oberschenkel und begann, ihn leidenschaftlich zu küssen.

Aber William verspürte nicht die geringste Lust auf Sex. Unsanft schob er Matthew beiseite und setzte sich auf einen Sessel gegenüber. Matthews Gesichtsausdruck sagte ihm, dass das zu hart gewesen war.

„Ich wohne seit drei Wochen nicht mehr hier, und der Herr hat schon keine Lust mehr auf Sex. Sag bloß, du hast schon einen Neuen?"

„Ich schwöre dir bei allem, was mir heilig ist, bei Sonne, Mond und Sternen, da gibt es niemanden." William streckte die rechte Hand zum Zeichen seines Schwurs pathetisch in die Höhe.

„Oh, schwöre nicht beim Mond", sagte Matthew, der es nicht leiden konnte, wenn sein Freund pathetisch wurde. „Er ist so unbeständig und wandelt jeden Monat sich in seiner Bahn."

Gut gekontert, fand William und drückte heimlich auf die Aufnahmetaste seines Diktiergerätes. Wer wusste, was da noch kommen sollte. Und Matthew enttäuschte ihn nicht: „Über die Meineide von Liebenden, sagt man, lacht Jupiter."

Ob Jupiter sich wirklich amüsiert, wie William es auch in seinem Stück später behaupten wird, ist schwer zu sagen. Aber Amor hat seine helle

Freude – endlich bewirken seine Pfeile wieder etwas. Und wenn sie auch nur schmerzhaft in offenen Wunden landen.

Mit Schrecken stellst du dann vielleicht fest, dass du nur noch wenig von dem verstehst, was in deinem Freund vorgeht. Zieht er sich zurück, weil er Freiräume braucht, oder versucht er sich von der Beziehung zu befreien? Ist er neuerdings so gereizt, weil ihm die Beziehung nicht mehr als Erholung vom Alltagsstress dient, oder macht ihn sogar die Beziehung selbst aggressiv?

Am Anfang deines Misstrauens wolltest du ihn darauf nicht ansprechen, weil dir deine Bedenken banal erschienen. Jetzt sträubst du dich davor, aus Angst, er könne deine Sorgen als Schwäche auslegen.

Auf einmal erinnerst du dich wieder an den besonders guten Rat einer besonders guten Freundin aus den ersten Tagen eurer Liebe. Als es damals kriselte, hatte sie dir geraten: „Mach Schluss, bevor er Schluss macht!" Hatte sie schon damals Recht? Bestand die Gefahr, dass er dir morgen eröffnen wollte, dass er einen neuen Sinn oder einen anderen Mann für sein Leben entdeckt hatte?

Beziehungen können genauso schnell enden, wie sie beginnen: nämlich ganz langsam oder rasend schnell. Unabhängig davon, wie lange sie bereits gehalten haben. Sie können im Guten auseinander gehen oder in einem riesigen Krieg eskalieren. Sie können langsam verschleißen oder plötzlich zerbrechen.

Aber selbst wenn ein Abbruch der Beziehung unausweichlich erscheint, hast du doch maßgeblichen Einfluss darauf, ob und wie ihr euch trennt. Das Ende zu verkünden, aus der Angst, er könnte dir damit zuvorkommen, gehört zu den schlechteren Alternativen, eine Ich-Botschaft zu den besseren: „Ich habe Angst, dass du dich nach einer Alternative zu unserer Beziehung umsiehst." Ihr wart lange genug zusammen, um einen Gesichtsverlust als kleineres Übel betrachten zu können.

Die große Enttäuschung

Wenn eine Beziehung nach langer Zeit auseinander geht, haben beide wahrscheinlich bereits einige Enttäuschungen hinter sich. Die Schuld daran trägt in der Regel der andere – zumindest bildet man sich das ein. Denn ein Eingeständnis eigener Verantwortung am Scheitern käme der

Bankrotterklärung der eigenen Werte gleich. Dabei sind Werte, wie wir wissen, immer eine Frage des Standpunkts.

Er hat durch seinen Seitensprung ein wichtiges Fundament deiner Wertvorstellungen beschädigt? Die gegenseitige Treue. Das wird er vielleicht anders sehen: Ihr könntet noch glücklich zusammen sein, wenn du toleranter wärst.

Die Beziehung aufgrund unterschiedlicher Normen zu beenden, birgt die Gefahr, dass man persönliche Flexibilität dauerhaft einbüßt. In einer späteren Beziehung werdet ihr beide dazu neigen, diesen Werten noch größere Bedeutung beizumessen. So könnt ihr euch beweisen, dass ihr im Recht gewesen seid. Werden eure Erwartungen erfüllt, unterstützt das den Glauben, nichts Unmögliches verlangt zu haben. Werden sie nicht erfüllt, habt ihr bereits eine vorgefertigte Begründung für einen Abbruch der Beziehung in der Hand. Schließlich habt ihr es so bereits versucht, und es hat nicht funktioniert. Wieso also noch einmal Zeit und Mühe investieren?

Tipp: Besser wäre es, rechtzeitig vor dem Ende einer Beziehung die eigenen Werte auf ihre Tauglichkeit zu überprüfen. Sie eignen sich nur dann für das Zusammenleben mit einem anderen Menschen, wenn sie ihm ebenfalls Raum für eigene Normen zugestehen.

Wenn du das Gefühl hast, in einer Sackgasse zu stecken, solltest du dir ein wenig Abstand zu deinem Freund und ganz besonders zu dem akuten Problem gönnen. Versuch, die Meinungen Dritter einzuholen – auch solche, die dir nicht ins Konzept passen.

Aber auch wenn die Beziehung bereits fehlgeschlagen ist, empfiehlt sich eine eingehende „Fehleranalyse". Sind die eigenen Werte wirklich hilfreich und unumgänglich? Fehler im System aufzuspüren und zu beseitigen erhöht die Wahrscheinlichkeit, beim nächsten Versuch ähnliche Fehlschläge zu vermeiden.

Vielleicht stellst du sogar fest, dass du bei einem Partner Eigenschaften suchst, die sich gegenseitig ausschließen. Viele Menschen genießen es zum Beispiel, einen gut aussehenden Freund zu haben. Seine Attraktivität lesen sie auch an der Reaktion anderer Männer auf ihn ab. Das steigert ihr Selbstwertgefühl. Gleichzeitig verlangt vielleicht ihre Einstellung zur Treue, ihr Freund möge auf engeren Kontakt zu anderen Männern verzichten. Wie soll es ihm gelingen, diese widersprüchlichen Wünsche zu vereinigen?

FAQ

„Wir sind bereits fünf Jahre zusammen. Aber seit ein paar Monaten erkenne ich meinen Freund nicht wieder: Er hat sich unglaublich zu seinem Nachteil verändert. Wie kann das passieren?"

Wahrscheinlich meinst du, er habe sich zu *deinem* Nachteil verändert. Denn in deinen Augen hat er an Attraktivität verloren. Dafür gibt es drei Erklärungen:

a) Er hat sich tatsächlich verändert. Menschen tun das, der eigene Freund auch! Wer sich innerlich sträubt, eine Veränderung zu akzeptieren, wird sie erst spät und dann in vollem Umfang wahrnehmen. Du hast dich in den letzten fünf Jahren bestimmt auch verändert. Frag ihn, er wird dir sicherlich einige Beispiele nennen können.

b) Du erkennst jetzt Eigenschaften von ihm, die bereits von Anfang an vorhanden waren. Bisher wolltest du sie nicht wahrnehmen, weil sie deinem Bild vom idealen Lover nicht entsprachen. Vielleicht hat er sich auch gebremst, weil er deine Einstellung kannte. In diesem Fall trägt er eine „Mitverantwortung" an der gegenwärtigen Misere, hat er doch sozusagen jahrelang falsche Angaben über sich gemacht. Du kannst allerdings nicht erwarten, dass er seine Wünsche, Ziele und Träume ein Leben lang deinen Abneigungen unterordnet. Wenn ihr euch fünf Jahre geliebt und miteinander gelebt habt, solltet ihr in der Lage sein, auch für dieses Problem eine Lösung zu finden. Soll er doch die Seite seines Charakters, die du nicht befürworten kannst, ohne dich ausleben.

c) Das ist die für dich unangenehmste Variante: Du hattest seine – aus deiner Sicht – negativen Eigenschaften bereits am Anfang wahrgenommen und beschlossen, sie ihm abzutrainieren. Das kann funktionieren, wenn es darum geht, wie man eine Schneckenzange richtig benutzt. Bei Charaktereigenschaften wird dieser Versuch aber mit großer Sicherheit ein Flop. Selbst wenn er sich Mühe gibt, dir zu gefallen, irgendwann werden diese Eigenschaften wieder zum Vorschein kommen – und dann mit voller Wucht.

Wenn Liebe in Hass umschlägt

Man nehme eine ungesunde Portion Misstrauen und koche sie unter Zugabe von mittleren bis großen Enttäuschungen über einen geraumen Zeitraum auf kleiner Flamme. Dann erhält man eine giftige Mischung, die Liebe binnen kürzester Zeit in Hass umschlagen lassen kann.

Weitere beliebte Zutaten sind Kränkungen, Vertrauensbrüche, manchmal sogar einfach nur Langeweile. Wer einmal Salz in diesen Kochtopf der Gefühle gestreut hat, wird feststellen, dass aus besonders großer Liebe auch extremer Hass werden kann. Schließlich ist die Enttäuschung umso größer, je intensiver die vorangegangenen Gefühle waren.

Wenn eine Beziehung gescheitert ist oder dem Ende entgegenzugehen scheint, verliert der Respekt vor dem Partner nicht an Wichtigkeit! Verletzter Stolz, Zurückweisungen oder eine sterbende Liebe dürfen kein Grund sein, dem Partner oder Ex-Freund willentlich Schaden zuzufügen.

FAQ

„Wieso kann ich meine Freunde erst dann wirklich erkennen und ihren Charakter beurteilen, wenn Hass im Spiel ist?"

Das kannst du nicht! Wer hasst, beurteilt nicht mehr rational. Anfangs hast du deinen Freund nicht richtig eingeschätzt, weil du seine negativen Eigenschaften nicht sehen wolltest oder sie in ihrem Ausmaß unterschätzt hast. Du bist der Sexualüberschätzung (aus dem vierten Kapitel) voll auf den Leim gegangen, hast deinen Partner idealisiert und hattest Spaß daran.

Wenn Hass im Spiel ist, passiert das Gegenteil: Jetzt konzentrierst du dich nur noch auf seine Schwächen und Fehler. Seine guten Seiten sind vergessen. Du fragst dich, ob Freud sich auch Gedanken über eine Sexualunterschätzung gemacht hat. Von der Evolution wäre das gar nicht dumm gewesen: Ist der Nachwuchs aus dem Haus, kann man seinen Lebenspartner genüsslich unterschätzen. Mit der neuen Gewissheit, sich damals für den Falschen entschieden zu haben, ließe sich ein Neuer suchen und weiteres Erbgut in der Welt verstreuen.

Geht es dir in Wirklichkeit genau darum? Suchst du unendliche Weiten und neue Abenteuer in zeitlich begrenzten Alibibeziehungen? Hast du nie ernsthaft Interesse an einer gesunden Partnerschaft gehabt und dieses Buch womöglich umsonst gelesen?

Wenn dem nicht so ist und du deiner Beziehung noch eine Chance geben willst, musst du zuerst an deinem Hass arbeiten. Versuche, deinen Freund mit klarem Kopf zu beurteilen. Dabei wird er nicht ganz so gut abschneiden wie während deiner anfänglichen Zeit des Verliebtseins und der Sexualüberschätzung. Aber dein Urteil wird auch lange nicht so vernichtend ausfallen wie unter dem Einfluss von Hass.

Die Wahrheit über deinen Freund liegt wahrscheinlich irgendwo in der Mitte. Er hat natürlich Fehler, aber die radieren seine guten Eigenschaften nicht zwangsläufig aus. Durch eine rosa Brille der Liebe – und die sollte man sich immer bewahren – sind seine kleinen Schwächen sogar besonders liebenswert.

Wenn Liebe vor Hass schützt

Bisweilen kommt es zu einem merkwürdigen Phänomen, bei dem Hass in Liebe umschlägt. Mütter, die ihr Kind ablehnen, weil es sie zum Beispiel unangenehm an ihren Mann erinnert, können mit übertriebener Fürsorge reagieren. So kann es vorkommen, dass ein Partner den anderen besonders liebevoll umsorgt, obwohl dieser ihn enttäuscht, kränkt oder misshandelt. Je mehr er verletzt wird, desto intensiver werden seine Bemühungen.

Der verletzende Part in dieser äußerst ungesunden Beziehungskonstellation kann sich seiner Position allerdings nicht dauerhaft sicher sein. Mit großer Wahrscheinlichkeit kommt auch bei seinem Freund irgendwann der Punkt, an dem die Fähigkeit, den Hass durch seine Liebe in Schach zu halten, ausgereizt ist.

Das Phänomen funktioniert auch bei Nichtigkeiten. Nehmen wir an, du ärgerst dich über deinen Freund. Es geht aber nur um eine Kleinigkeit. Dann verhältst du dich vielleicht besonders freundlich, weil es dir unangenehm ist, aus einer Mücke einen Elefanten zu machen. Außerdem erscheint es dir unangebracht, sich über relativ unbedeutende Dinge aufzuregen.

Wenn jedoch der Grund nie beseitigt wird, kann sich dein Ärger aufstauen und plötzlich mit unerwarteter Wucht ausbrechen. Auch hier gilt also das schon so häufig beschriebene Prinzip: Über Probleme – und mögen sie noch so unbedeutend erscheinen – muss man in einer Beziehung rechtzeitig reden.

Auszeit

Menschliche Beziehungen – egal ob in der Liebe, Politik oder Wirtschaft – laufen, vereinfacht betrachtet, nach einem immer gleichen Muster ab: Sie beschreiben eine Art Kreislauf, der sich genau so, ähnlich oder mit anderen Akteuren wiederholen kann.

US-amerikanische Wissenschaftler haben diese Erkenntnis in Worte gefasst und die einzelnen Phasen des Kreislaufs griffig benannt: Nach diesem Modell durchläuft jede Beziehung ein so genanntes *Forming*, *Storming*, *Norming*, *Performing* und abschließend ein *Adjourning*.

Zuerst formt sich eine Beziehung; sie nimmt Gestalt an (*forming*). Darauf folgt eine Zeit der Unruhe und der Bewegung (*storming*), aus der zahlreiche Beschlüsse hervorgehen, auf die man sich einigt (*norming*). Aufgrund dieser Werte und Normen kann die Beziehung mehr oder weniger reibungslos funktionieren (*performing*). Gegebenenfalls werden in einer kleinen Schleife weitere Übereinkünfte getroffen oder alte Werte überarbeitet.

Der Übergang in die letzte Phase wird von mehreren Faktoren bestimmt: Eine Beziehung kann beendet werden, obwohl – oder gerade weil – man das Ziel erreicht hat. In der Wirtschaft wäre das zum Beispiel der erfolgreiche Abschluss eines Handels; in der Liebe kann der Tod eine erfolgreiche Partnerschaft beenden. Unter Umständen lassen sich die gemeinsamen Ziele jedoch nicht erreichen. Zum Beispiel dann, wenn man sich nicht auf gemeinsame Normen einigen kann und die Phase des *Stormings* zu einem kräftezehrenden Dauerzustand wird. Vielleicht bewähren sich die gefundenen Werte aber auch einfach nicht im täglichen Leben. Dann leidet das *Performing*. In diesem Fall kann man sich auch vertagen (*adjourning*) und später einen neuen Anlauf machen.

Da die Theorie besagt, dass der Kreislauf mit derselben Person in weitere Runden gehen kann, schließt das auch eine vorübergehende Beendigung der Beziehung ein. Eine Auszeit ist eine legitime Maßnahme, auch dann, wenn man sich erneut „finden" will. Vielleicht ist eine Auszeit das einfachste Mittel, um danach gemeinsam neue Werte aufzustellen, die ein besseres Funktionieren der Beziehung gewährleisten.

Man sollte sich aber erst dann für ein vorübergehendes Ende entscheiden, wenn man bereits versucht hat, kleinere Schleifen im Modell zu drehen. Wer beim Auftreten einzelner Probleme sofort prüft, ob sich bessere Normen finden lassen, kann einen kompletten, neuen Durchlauf durch alle Phasen wahrscheinlich umgehen.

Tipp: Wenn ihr euch für eine Auszeit entscheidet, könnt ihr unabhängig voneinander in den Urlaub fahren oder eine kurze Zeit zu Freunden ziehen. Abstand lässt euch die Probleme mit weniger Emotionen und Hass betrachten und macht es leichter, sich noch einmal zusammenzuraufen.

Jeder der beschrieben Abschnitte bringt typische Schwierigkeiten und Krisen mit sich. Das haben die vorangegangenen Kapitel dieses Buches bereits gezeigt. Bisweilen sind die Probleme oder die Abweichungen des Partners vom Idealbild jedoch zu groß. Dann kann das Paar die folgenden Phasen natürlich auch überspringen und sich sofort trennen.

Die technischen Seiten der Trennung

Am Ende einer langen Beziehung steht leider kein einfaches „Tschüs, mach's gut" – „Ja, du auch". Selbst dann nicht, wenn man im Guten auseinander geht. Es gibt eine Menge Formalitäten zu regeln.

Wenn ihr bisher in einer Wohnung gelebt habt, wollt ihr das jetzt wahrscheinlich ändern. Bei einem gemeinsamen Mietvertrag ist das nicht ganz einfach; einseitig kann man ihn zum Beispiel nicht kündigen.

Vollmachten und gemeinsame Konten lassen sich leichter aufheben. Nicht zu vergessen sind auch Versicherungen und eventuell das Testament, in dem der Ex nicht weiterhin begünstigt werden soll. Wenn ihr noch während eurer Beziehung festgelegt habt, was mit dem gemeinsamen Besitz passieren soll, erspart euch das jetzt eine Menge Ärger.

Selbstmord

Die zweitschlimmste Form psychischer Gewalt ist die Andeutung oder Androhung einer Selbstmordabsicht. Schlimmer ist nur noch der tatsächliche Versuch. Das vermeintliche Opfer macht sich zum Täter und stiehlt sich gleichzeitig aus der Verantwortung.

Wer eine Selbstmordabsicht hat oder damit droht, braucht professionelle Hilfe. Eine Beziehung kann das Problem nur vertagen, nicht beseitigen. Denn ernste Probleme wird es auch im späteren Verlauf immer geben.

Derjenige, der mit einem Selbstmord unter Druck gesetzt wird, ist in einer extrem schwierigen Lage. Auf der einen Seite muss er das Recht haben, eine Auszeit zu fordern. Niemand kann von ihm erwarten, dass er sich dem dauerhaften Druck aussetzt, den diese Situation mit sich bringt. Die ständige Angst, sein Freund könnte sich etwas antun, kann auch ihm langfristigen, psychischen Schaden zufügen. Auf der anderen Seite muss er fürchten, dass gerade sein Wunsch nach einer Auszeit die Gefahr eines Selbstmordes steigert.

Der Schlüssel zu diesem Problem liegt gar nicht so fern. Die Lösung bedarf aber einer rationalen Einsicht, die jetzt nach einer gewaltigen Kraftanstrengung verlangt: Der Freund des Selbstmordkandidaten ist in der Regel nicht Teil der Lösung, er ist oft ein Teil des Problems. Eine Fortsetzung der Beziehung, als wäre nichts gewesen, bringt die beiden deshalb nicht weiter.

Tipp: Löst die Probleme in der Reihenfolge ihrer Wichtigkeit. Zuerst muss der eine von euch seinen Lebensmut wiederfinden. Das geht mit großer Wahrscheinlichkeit nur mit professioneller Hilfe eines Psychologen oder Psychiaters. Erst wenn die akute Gefahr für Leib und Leben beseitigt ist, kann man sich den Problemen in der Beziehung widmen.

Das definitive Ende

Nach Matthews Auszug brauchte sich William über einen Mangel an Gefühlen nicht zu beklagen. Die Gewaltszenen seines Veroneser Liebesdramas gingen ihm leichter von der Hand, als er je geahnt hätte. Eifersucht, Mord, Hass und Verrat flossen aus seinen Fingern zu

Papier. Verzweiflung und Angst waren seine ständigen, literarischen Begleiter.

Seine emotionalen Vorräte waren genauso ausgeblutet wie Tybalt in der Geschichte. Der Dichter hatte vor den Vorschlägen seines Verlegers kapituliert und den hübschen Automechaniker zum Opfer eines rasenden Romeo gemacht.

Eine alberne Vorstellung, aber inzwischen war es ihm egal. Er konnte nach seiner Trennung nicht mehr lieben – wieso sollte es den Figuren in seinem Drama besser ergehen?

Was William durchmachte, steht allen frisch Getrennten bevor: die Verarbeitung der gescheiterten Beziehung. Wie man das macht, ist zweitrangig. Hauptsache, es hilft. Man kann ein Drama schreiben oder Gedichte verfassen; man kann ins Fitnessstudio gehen oder in eine Therapie; man kann sich bis zur Bewusstlosigkeit durch die Szene poppen oder allein den Westfälischen Industrielehrpfad Schweinezucht abwandern. Hauptsache, es tut gut, und vorausgesetzt, es verselbstständigt sich nicht.

Wenn du jetzt nämlich nur noch aus reinem Selbstzweck mit einem Mann nach dem anderen ins Bett springst, wird dir das nicht weiterhelfen. Übereilte Liebesabenteuer bergen die Gefahr, nun vollends abzustürzen. Auf Dauer kann das Gegenteil davon, die totale Isolation, jedoch genauso viel schaden wie nutzen.

In der Phase der Aufarbeitung nach dem Ende einer Beziehung sind Wut und Trauer kein schlechtes Zeichen. Es darf dir jetzt schlecht gehen. Wichtig ist, dass du deine bisherigen Fehler sowie allgemeine Misserfolgsschemata erkennst und dich mit ihnen auseinandersetzt. Nur so kannst du an ihnen arbeiten und sie später beseitigen. Wer eine Beziehung ehrlich aufarbeitet, macht sich fit für kommende Versuche.

Tipp: Nach einer gescheiterten Beziehung versuchen viele Menschen, künftig auf einen festen Freund zu verzichten. Als Mittel der Schmerzvermeidung ist das über einen begrenzten Zeitraum durchaus verständlich. Zu einer Dauerlösung darf diese Verweigerung aber nicht werden. Schließlich ist die Liebe das einzige Spiel, bei dem man verliert, wenn man nicht mitspielt.

Der Dichter stand auf, schüttelte wortlos nickend die ihm entgegengestreckte Hand und machte sich auf den Weg aus dem muffigen Büro.

Einen finsteren Frieden brachte dieser Morgen mit sich: Von seiner ursprünglichen Love-Story war nicht mehr viel übrig geblieben. Aber sein neues Drama gefiel ihm auch recht gut.

Liebesgeschichten verkauften sich zusammen mit Sex, Drogen und Gewalt ohnehin besser – da hatte sein Verleger wohl Recht. Ihm konnte es nur billig sein; schließlich hatte er eine Hypothek abzubezahlen.

Als er die Tür schon erreicht hatte, rief ihm sein Verleger hinterher: „Ach – und William – wissen Sie noch, Ihr letztes Stück?"

So eine blöde Frage. Natürlich erinnerte er sich noch an sein letztes Stück. Der Gedanke daran bohrte sich wie ein Eiszapfen ins Williams Brust. Wegen dieses Buches war die Dreier-Beziehung zwischen Matthew, Olo und ihm auseinander gebrochen. *„Ola, die Kampflesbe von Venedig?"*, fragte William spitz. „Was soll damit sein?"

Der übergewichtige Verleger räusperte sich. Es gab da eine Kleinigkeit, die er im aktuellen Stück des Dichters ändern wollte.

„Das Buch ließ sich erst auf dem Massenmarkt verkaufen, als wir es grundlegend überarbeitet hatten", sagte er schließlich. „Unsere Leser wollten sich mit Ola einfach nicht identifizieren." William ahnte, worauf er hinauswollte. Zum Bestseller war das Stück erst geworden, als seine Lektorin für die zweite Auflage aus Ola den Mohr Othello gemacht hatte. Randgruppenstorys verkaufen sich schlecht.

„Wir könnten doch diesmal gleich was fürs Massenpublikum aus Ihrer neuen Geschichte machen", sagte der Verleger und drehte nervös eine teure Zigarre zwischen den Fingern. „Vielleicht gestalten wir sie einen Hauch heterosexueller", setzte er vorsichtig hinterher. „Wie wäre es zum Beispiel mit Rosalie und Julian?"

...

Sie gehen ab

...

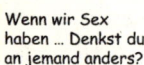

Service

Adressen
Pro-Familia-Bundesverband
Deutsche Gesellschaft für
Familienplanung, Sexualpädagogik und
Sexualberatung e.V.
Stresemannallee 3
60596 Frankfurt am Main
069 / 63 90 02

Bundeszentrale für gesundheitliche
Aufklärung
Osterheimerstr. 220
51109 Köln
0221 / 899 20

Bundesverband Homosexualität e.V.
Greifswalder Str. 224
10405 Berlin
030 / 441 24 98

Eltern werden
Schwule Väter (in der
Schwulenberatung)
Mommsenstr. 45
10929 Berlin
Tel. 030/19446
www.schwule-vaeter-berlin.de.vu

Queer Family (beim LSVD Berlin)
Willmanndamm 8
10827 Berlin
030 / 44 00 82 40
kinderwunsch2002@aol.com

Gruppen, Vereine und Beratung
Nach Postleitzahlen sortiert

PLZ-Breich 1
Von allen Ufern
Schreinerstraße 53
10247 Berlin
Tel. 030/25882407

Landesverband der Berliner Aids-
Selbsthilfegruppen e.V.
Kantstraße 152
10623 Berlin
Tel. 030/31504680

Schwulenberatung
Mommsenstraße 45
10929 Berlin
Tel. 030/19446

Pluspunkt-Prenzlauer Berg
Greifenhagener Straße 53
10437 Berlin
Tel. 030/4466880

Mann-O-Meter e.V.
Bülowstraße 106
10783 Berlin
Tel. 030/2168008

H.I.P. e.V.
Berliner Straße 49
14467 Potsdam
Tel. 0331/292065

Begegnungsstelle Rosa-Lila
Friedländerstraße 14
17033 Neubrandenburg
Tel. 0395/ 5638630

Rat und Tat e.V.
Leonhardstraße 20
18057 Rostock
Tel. 0381/ 453156
Chamäleon Verein und Betreuung
Friedrich-Wolf-Straße 74
18439 Stralsund
Tel. 03831/0399914

PLZ-Breich 2
Hein & Fiete – Hamburgs schwuler
Infoladen
Pulverteich 21
20099 Hamburg
Tel. 040/240440

Gay-web e.V.
Borgweg 8
22303 Hamburg
Tel. 040/395304

Why Not e.V.
Mühlenstraße 32
23966 Wismar
Tel. 03841/2144755

Schwulen und Lesbenzentrum
Kneipencafe Na Und e.V.
Ziegelhofstraße 83
26121 Oldenburg
Tel. 0441/7775923

Rat und Tat
Beratungsstelle
Theodor-Körner-Straße 1
28203 Bremen
Tel. 0421/700007

PLZ-Breich 3
Grüne Tomaten – Jugendgruppe bis 20
Johannssenstraße 8
30159 Hannover
Tel. 0511/19411

SIDA e.V. Beratungszentrum
Stolzestraße 59
30171 Hannover
Tel. 0511/664630

Befah e.V. (Verband der homosexuellen
Freunde)
Anton-Freytag-Straße 43
30823 Garbsen
Tel. 05131/478050

Pro Familia
Frankfurter Straße 133a
34121 Kassel
Tel. 0561/27413

Lok1- Sexualberatung
Teichwiesenstraße 1
35260 Stadtallendorf
Tel. 06428/1035

Positiv e.V.
Waldschlösschen
37130 Gleichen

PLZ-Breich 4
Initiative für HIV-Betroffene
Poststraße 16
41334 Nettetal
Tel. 025157/811222

Regenbogen e.V.
Weyerstraße 243-245
42719 Solingen
Tel. 0212/332992

Rosa Strippe
Alleestr. 54
44793 Bochum
Tel. 0234/19446

Essen- Andersrum e.V.
Ruhrtalstraße 221
45219 Essen
Tel. 0201/2487778

Herzenslust
Am Schloß Broich 38
45479 Mülheim an der Ruhr
Tel. 0208/4125920

LSVD Osnabrück
Postfach 3232
49022 Osnabrück
Tel.: 0700-57836673

PLZ-Breich 5
SchwIPS e.V. (Beraterstelle)
Pipinstraße 7
50667 Köln
Tel. 0221/92576811

Aids HIV- Beratung der BZgA
PSF 910152
51071 Köln
Tel. 0221/89920

Gay-Gruppe
PO Box 10 02 48
51402 Bergisch Gladbach
Tel. 0700/22554295

Drogen und Aids Selbsthilfe e.V.
Talweg 119
53113 Bonn
Tel. 0228/211011

SchMit e.V.
Morstraße 4
54290 Trier
Tel. 0651/42514

Rosa Telefon
54290 Trier
Tel. 0651/19446

Märkischer Kreis
Bismarckstraße 17
58762 Altena
Tel. 02352/9667140

PLZ-Breich 6
Heddernheimer Kirchstraße 14
60439 Frankfurt/Main
Tel. 069/762933

Switchbord
Alte Gasse 36
67227 Frankfurt/ Main
Tel. 069/283535

Akthiv e.V.
Steinbachweg 36
69118 Heidelberg
Tel. 06221/809891

PLZ-Breich 7
Heh, Beratergruppe
Dammstraße 34/2
74011 Darmstadt
Tel. 07131/89064

Schwubis -Gruppe
77806 Bühl/Baden
Tel. 0174/3294697

Kuckucksei e.V.
Postfach 1409
78614 Rottweil
Tel. 0771/8989118

PLZ-Breich 8
Café Regenbogen
Lindwurmstraße 71
80337 München
Tel. 089/54454718

ZAS, Zentrum für Aids Schwaben
Fuggerstraße 14
86150 Augsburg
Tel. 0821/158081

Positiv, Hilfeprojekt
Frauenstraße 1
88212 Ravensburg
Tel. 0751/354072

PLZ-Breich 9
Vereinigung Homosexualität &
Gesellschaft
95412 Bayreuth
Tel. 0921/852928

Uferlos
PSF 1742
96008 Bamberg
Tel. 0951/24729

Rosa Hilfe (PSF 6843)
97082 Würzburg
Tel. 0931/19446

KASD, Infogruppe
Bernhardstraße 1
98617 Meiningen
Tel. 03693/482359

PLZ-Breich 0
Gerede e. V.
Priessnitzerstaße 18
01099 Dresden
Tel. 0351/ 8022251

Landeskoordinierungsstelle für Schwul-
Lesbische Belange Brandenburgs
Taubenstraße 20
03046 Cottbus
Tel. 0355/702800

Lebensart e.V.
Straße der Jugend 100
03046 Cottbus
Tel. 0355/232 73

Rosa Linde Leipzig e.V.(Schwulen- &
Lesbenverband)
Brühl 64/66
04105 Leipzig
Tel. 0341/4841510

J.U.N.G.S.
Ossietzkystraße 18
04347 Leipzig
Tel. 0341/2324326

Homland e.V.
Offene Gruppe f. Schwule, Lesben und
Bisexuelle
Schillerstr. 39
06844 Dessau
Tel. 0340/230 17 49
Querschnitt e.V.
PSF 100501
07745 Jena

Jugendgruppe ASZ
PSF 1603
08267 Aue

Aids-Hilfen
Nach Postleitzahlen sortiert

Deutsche AIDS-Hilfe e.V.
Dieffenbachstr. 33
10967 Berlin
030 / 69 00 870

AIDS-Telefon
0221 / 89 20 31

PLZ-Breich 1
Meinekestraße 12
10719 Berlin
Tel. 030/ 8856400

Deutsche Aids-Hilfe e.V.
Dieffenbachstraße 33
10967 Berlin
Tel. 030/6900870

Lindenstraße 28
14467 Potsdam
Tel.0331/2801060

Deutsch-Polnische Aids-Hilfe
Lennestraße 1a
15234 Frankfurt/ Oder
Tel. 0335/64059

Rosa Greif e.V.
Lange Straße 49
17489 Greifswald
Tel. 03834/897034

Amtstraße 8
19055 Schwerin
Tel. 0385/568645

PLZ-Breich 2
Paul-Roosen-Straße 43
22767 Hamburg
Tel. 040/3196981

Rudolph-Breitscheid-Straße 27
23936 Grevesmühlen
Tel. 03881/719474

Zeugenhauserstraße 3
23966 Wismar
Tel. 03814/214755

Knopper Weg 120
24105 Kiel
Tel. 0431/570580

Südergraben 53
24937 Flensburg
Tel. 25599

Bahnhofsstraße 23
26135 Oldenburg
Tel. 0441/19411

Am Dobben 66
28203 Bremen
Tel. 0421/700007

PLZ-Breich 3
Johannssenstraße 8
30159 Hannover
Tel. 0511/3606960

Friedrichstraße 51
33102 Paderborn
Tel. 05251/280298

Artur-Ladebeck-Straße
33602 Bielefeld
Tel. 0521/133388

Diezstraße 8
35390 Gießen
Tel. 0641/390226

Friedrichstraße 4
36037 Fulda, Tel. 0661/77011

Schachtweg 5a
38440 Wolfsburg
Tel. 05361/13332

Breiter Weg 213
39104 Magdeburg
Tel. 0391/5357690

PLZ-Breich 4
Oberbilker Allee 310
40227 Düsseldorf
Tel. 0211/770950

Hofaue 9
42103 Wuppertal
Tel. 0202/450003

Langenmarkstraße 12
46045 Oberhausen
Tel. 0208/806518

Friedenstraße 100
47053 Duisburg
Tel. 0203/666633

Schaumburgstraße 11
48145 Münster
Tel. 0251/63555

Möserstraße 44
49074 Osnabrück
Tel. 0541/801024

PLZ-Breich 5
Pipinstraße 7
50667 Köln
Tel. 0221/9576868

Beethovenstraße 1
50674 Köln
Tel. 0221/202030

Lichstraße 36a
51373 Leverkusen
Tel. 0214/401766

Weberstraße 52
53113 Bonn
Tel. 0228/949090

Saarstr. 55
53113 Trier
Tel. 0651/970440

Löhrstraße 53
56068 Koblenz
Tel. 0261/16699

Kampstraße 26
57462 Olpe
Tel. 02761/40322

PLZ-Breich 6
Ferger Anlage 24
60316 Frankfurt
Tel. 069/4058680

Fruter Straße 48
63065 Offenbach
Tel. 069/883688

Salbstraße 27
64283 Darmstadt
Tel. 06151/28073

Karl-Gässing-Straße 5
65183 Wiesbaden
Tel. 377213

Nauwieserstraße 19
66111 Saarbrücken
Tel. 0681/31112

Untere Neckarstraße 17
69117 Heidelberg
Tel. 06221161700

PLZ-Breich 7
Hölderlinplatz 5
70193 Stuttgart
Tel. 0711/19411

Herrenberger Str. 9
72070 Tübingen
Tel. 07071/44490

Kaiserstr. 67
72764 Reutlingen
Tel. 07121/486730

Wilhelmstraße 3
74072 Heilbronn
Tel. 07131/19411

Goldschmiedeschulstr. 6
75173 Pforzheim
Tel. 07231/441110

Stephanienstraße 84
76133 Karlsruhe
Tel. 0721/26260

Malergasse 1
77652 Offenburg
Tel. 0781/77189

Münzgasse 29
78462 Konstanz
Tel. 07531/21113

Habsburgerstraße 79
79104 Freiburg
Tel. 0761/276924

PLZ-Breich 8
Lindwurmstraße 71
80337 München
Tel. 089/19411

Morellstraße 24
86159 Augsburg
Tel. 0821/585908

Albrechtstraße 75
88045 Friedrichshafen
Tel. 07541/24860

Furttenbachstraße 14
89077 Ulm
Tel. 0731/37331

PLZ-Breich 9
Bahnhofstraße 15
90402 Nürnberg
0911/2309035

Wollwirkergasse 25
93055 Regensburg
Tel. 0941/791266

Bahnhofstr. 16b
94032 Passau
Tel. 0851/71065

Kunigundenruhstraße 24
96050 Bamberg
Tel. 0951/27998

Meiningerstr. 160
98529 Suhl
Tel. 03681/70084

Mariannestraße 57
99817 Eisenach
Tel. 03691/214038

PLZ-Breich o
Bischofstraße 46
01099 Dresden
Tel. 0351/4416141

Weigangstraße
02625 Bautzen
Tel. 03591/486410

Puschkinpromenade 25
03064 Cottbus
Tel. 0355/6123272

Ossietzkystraße 18
04347 Leipzig
Tel. 0341/232312

Böllberger Weg 189
06110 Halle
Tel. 0345/5821270

Rathenaustraße 10
07745 Jena
Tel. 03641/618998

Hauptstraße 18-20
08056 Zwickau
Tel. 0375/835365

Hauboldstraße 6
09111 Chemnitz, Tel. 0371/415223

Schweiz
Beratung / Gruppen
PinkCross, Beratung
Zinggerstraße 16
3001 Bern
Tel. 031/372 3300

Spot, Jugendgruppe
Sihlquai 67
8023 Zürich
Tel. 01/271 2250

HAZ, Arbeitsgruppe
Postfach 7088
8023 Zürich
Tel. 01/271 7011

Aids-Hilfen
Monbijoustraße 32
3001 Bern
Tel. 031/3903636

Zeughausgasse 9
6300 Zug, Tel. 041/710 4875

Rathausbogen 15
8200 Thurgau, Tel. 05/625 9338

Birmensdorferstraße 169
Postfach 8018
8036 Zürich

Postfach 8
9001 St. Gallen, Tel. 071/3 3868

Österreich
Beratung / Gruppen
Mensch und Aids
Dampfschiffstraße 8/5
1030 Wien
Tel.01 315 5555

HOSI Linz – Homosexuelleninitiative
Schubertstraße 36
4020 Linz
Tel. 60 98981

Aids-Hilfen
Mariahilfer Gürtel 4
1050 Wien
Tel. 01 599 37

Langegasse 12
0420 Linz
Tel. 0732/2170

Gabelsbergerstraße 20
5020 Salzburg
Tel. 0662/881488

Schmiedgasse 38
8010 Graz
Tel. 0316/815050

Register

Niemand ist
gern **einsam.**
Zum **Zusammensein**
gehören
Unabhängigkeit,
Freiheit, Klarheit
über eigene Ansprüche
und **Wünsche.**

Drum nimm
dein **Leben**
in die eigenen Hände.
Du bist **verantwortlich** –
nicht nur
beim Sex.

Sei du selbst,
ohne faule
Kompromisse.
Für dich
und deine Partner.
Für den **Spaß,**
die **Liebe**
und das Leben
mit anderen.

Fotos: Ingo Taubhorn

www.aidshilfe.de

Deutsche
AIDS-Hilfe e.V.